하루 만에 배우는

안드로이드 앱 만들기

2nd Edition

YoungJin.com Y.
영진닷컴

하루만에 배우는

안드로이드 앱 만들기 2nd Edition

독자님의 의견을 받습니다.

이 책을 구입한 독자님은 영진닷컴의 가장 중요한 비평가이자 조언가입니다. 저희 책의 장점과 문제점이 무엇인지, 어떤 책이 출판되기를 바라는지, 책을 더욱 알차게 꾸밀 수 있는 아이디어가 있으면 팩스나 이메일, 또는 우편으로 연락 주시기 바랍니다. 의견을 주실 때에는 책 제목 및 독자님의 성함과 연락처(전화번호나 이메일)를 꼭 남겨 주시기 바랍니다. 독자님의 의견에 대해 바로 답변을 드리고, 또 독자님의 의견을 다음 책에 충분히 반영하도록 늘 노력하겠습니다.

ISBN : 978-89-314-6163-3
등 록 : 2007. 4. 27. 제16-4189호
이메일 : support@youngjin.com
주 소 : (우)08505 서울시 금천구 가산디지털2로 123 월드메르디앙벤처센터2차 10층 1016호

STAFF
저자 서창준 | **총괄** 김태경 | **진행** 김민경 | **디자인** 고은애 | **영업** 박준용, 임용수
마케팅 이승희, 김근주, 조민영, 김예진, 이은정 | **제작** 황장협 | **인쇄** 제이엠

머리말

안드로이드 어플리케이션을 만든다는 것은 매우 흥미롭고 설레는 일입니다. 그러나 현실은 프로그래밍 언어를 알아 야 하고 여러 가지 안드로이드 어플리케이션 개발 관련 사항들을 익혀야 하는 난관이 있습니다.

이 책은 프로그래밍을 모르는 사람 또는 시작하는 사람을 위해 최대한 쉽게 만들었습니다. 필자도 프로그래머가 아니었고 지 금도 프로그래머는 아닙니다. 필자도 처음부터 안드로이드 어플리케이션 개발 공부를 하는데 많은 어려움을 겪었기 때문에 이 책에서는 앱 개발을 배우는 과정에서 초보자들이 느끼는 어려운 부분들을 해결하려고 노력하였습니다.

이 책에서는 안드로이드(Android) 앱(App) 개발에 필요한 개발 프로그램인 안드로이드 스튜디오(Android Studio)를 사용 하며, 완성한 앱을 구글플레이(Google Play)에 등록하는 과정까지 다루고 있습니다. 이 책 초반에는 자바(JAVA) 언어를 비롯 하여 최근에 안드로이드 앱 개발언어로 새로 추가한 코틀린(Kotlin)도 맛보기 분량으로 다루었습니다.

이 책은 안드로이드 스튜디오(Android Studio) Version 3.5 환경에서 작성되었습니다. 이 책 발행 후에 안드로이드 스튜디 오가 버전 업그레이드 되면 유튜브 동영상 채널을 통하여 알려드리겠습니다.

유튜브 검색창에 "초보IT길라잡이"를 검색하시면 시청할 수 있습니다.

이 책은 프로그램을 모르는 사용자나 처음 배우는 사용자를 중심으로 작성하였으므로 이 책을 통해 보다 쉽게 안드로이드 어 플리케이션 개발 방법을 습득하고 좋은 아이디어로 좋은 어플리케이션을 만들어 배포하는 기회가 되었으면 합니다. 그리고 꼭 어플리케이션 개발 목적이 아니더라도 어플리케이션 개발에 흥미를 가지고 있는 안드로이드 사용자라면 누구나 쉽게 접 할 수 있는 도서가 되었으면 좋겠습니다.

필자는 지금도 왕초보 개발자이고 열심히 안드로이드 어플리케이션을 공부하고 있습니다. 만일 안드로이드나 아이폰이나 어 플리케이션 개발이 고급 개발자들만 접할 수 있도록 어려웠다면 그 많은 어플리케이션이 나올 수 있었을까 라는 의구심을 가 지고 시작해 보시기 바랍니다. 이 세상의 모든 언어나 개발 툴(Tools)은 누구나 어려움 없이 사용할 수 있게 하는 것은 언어나 개발 툴을 만들거나 배포하는 회사의 목표입니다. 그래야만 대중화에 성공할 수 있으니까요.

많은 분들이 이 책을 읽고 안드로이드 어플리케이션을 사용하는 사용자에서 앱을 개발하는 개발자가 되었으면 하는 작은 바 램을 가져봅니다.

이 책이 나오기까지 도움을 준 사랑하는 연재, 희주, 승우와 SK텔레콤 문찬형 부장님, 코리아타임즈 곽원희 팀장님, 삼성 SDS 조화석 수석, 특허법인 TNI 오용수 변리사에게 감사를 드립니다.

그리고 언제나 응원해주는 서울과학기술대학교 동문인 진성, 광혁, 대원, 성훈, 종원, 창범, 남현, 교원, 승엽, 명희, 건식, 재범 그리고 복운, 주연 형님들에게 감사드립니다.

끝으로 이 책 출간에 많은 도움을 주신 영진닷컴에 감사의 말씀을 전합니다.

저자 서창준

이 책의 목차

이 책을 보는법

🤖 동영상 강좌 ʒ

'하루 만에 배우는 안드로이드 앱 만들기 2nd Edition' 도서는 유튜브 채널을 통해 저자가 직접 강의하는 동영상을 공개하고 있습니다. 또한 본문 각 내용별로 동영상 QR코드가 삽입되어 있어 더욱 편리하게 동영상 강좌를 시청할 수 있습니다.

책을 따라하면서 동영상 강의를 시청하면 더 쉽고 재미있게 안드로이드 앱 만들기를 배울 수 있습니다.

유튜브 검색창에 "초보IT길라잡이" 를 입력하시면 동영상 강좌를 보실 수 있습니다.
https://www.youtube.com/초보IT길라잡이

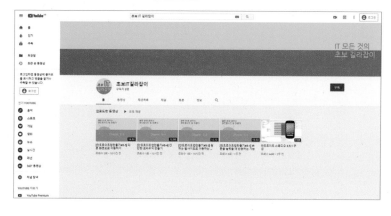

🤖 예제파일 ʒ

예제 파일은 영진닷컴 홈페이지(www.youngjin.com)의 도서 자료실에서 다운로드할 수 있습니다. [고객센터]−[부록 CD 다운로드]를 클릭하고 검색 창에서 '하루 만에 배우는 안드로이드 앱 만들기 2nd Edition'을 입력하여 검색하면 됩니다.

CHAPTER

안드로이드 어플리케이션

안드로이드 어플리케이션

안드로이드 앱을 만들기 위해서는 개발에 사용되는 프로그램이나 여러 가지 요구사항들을 알아야 합니다. 1장에서는 안드로이드 개발에 필요한 여러 가지 요소들에 대해서 알아봅니다.

안드로이드(Android) 앱(App)이란?

안드로이드(Android)란 우리가 흔히 데스크탑 PC에서 사용하는 윈도우(Window) 운영체제와 동일한 개념입니다. 데스크탑 PC, 노트북, 스마트폰, 휴대폰 등 모든 장치에는 운영체제 같은 프로그램이 기본적으로 설치가 되어있어야 합니다. 스마트폰에는 이와 같은 안드로이드(Android) 운영체제가 설치되어 있습니다. 운영체제 같이 다른 프로그램의 바탕이 되는 것은 플랫폼 (Platform)이라고 부르기도 합니다.

이러한 운영체제인 안드로이드에서 사용할 수 있는 어플리케이션(Application)이 안드로이드 어플리케이션인데 줄여서 앱(App)이라고도 합니다. 앞으로 이 책에서는 앱(App)이라고 하겠습니다.

앱(App)은 우리가 스마트폰에서 사용하는 게임, 교육, 사진, 브라우저 등 다양한 소프트웨어를 말합니다.

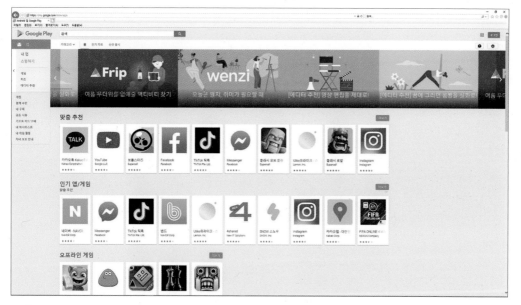

▲ 구글 플레이 화면 play.google.com

안드로이드 앱은 구글 플레이(https://play.google.com) 사이트나 스마트폰의 해당 통신사 사이트에서 확인할 수 있고 스마트폰을 통해서 다운로드 받을 수 있습니다. 안드로이드 앱은 안드로이드 운영체제 프로그램이 설치되어있는 스마트폰에서 사용가능하며 애플(아이폰, 아이패드) 또는 마이크로소프트(윈도우 모바일)의 운영체제 프로그램이 탑재된 스마트폰에서는 사용이 불가능합니다.

▲ 원스토어 onestore.co.kr

애플의 경우는 앱스토어(App Store)만 있는 반면, 안드로이드 앱을 다운로드 받을 수 있는 사이트는 앞에서 말한 것과 같이 구글 플레이 외에도 여러 개의 사이트가 존재합니다. 이러한 이유는 안드로이드 앱은 배포가 자유롭기 때문입니다. 구글에서 운영하는 구글 플레이의 경우는 앱 등록 후에 바로 배포(앱의 다운로드 가능)가 가능하며 특별한 경우 외에는 제한을 받지 않습니다.

▲ 원스토어 개발자 센터 dev.onestore.co.kr

최근 국내에는 구글에서 운영하는 구글 플레이나 아이폰의 앱스토어에 경쟁하기 위해 통합 운영 체제 '원스토어'를 오픈하였습니다.

안드로이드 스튜디오(Android Studio)란?

우리가 컴퓨터를 사용하여 작업 또는 개발을 하는 이유는 컴퓨터가 주는 편리함 때문입니다. 그러나 컴퓨터의 기본적인 기능만을 사용한다면 개발 시간을 단축시킬 수가 없습니다. 그래서 우리는 관련 프로그램, 즉 툴(Tool)을 사용하여 개발 시간을 단축하고 있습니다. 한글 문서를 만들기 위해 아래 한글 프로그램을 사용하는 것이 좋은 예시입니다. 이런 프로그램들은 개발 시간 단축 외에도 많은 편리함과 효율성을 제공합니다.

이제 얘기하려고 하는 안드로이드 스튜디오(Android Studio)는 아래한글이나 파워포인트가 멋진 문서를 만들어주는 툴(Tool)인 것처럼 안드로이드 앱을 만들어 주는 툴(Tool)입니다. 구글에서는 몇 년전까지만 해도 안드로이드 스튜디오라는 툴이 없었습니다. 애플이 출시한 아이폰의 위력으로 모바일 앱(App) 시장이 선점되어갈 때 구글은 안드로이드 운영체제를 위한 앱 개발의 툴(Tool)로 '이클립스(Eclips)'를 사용하였습니다. 이클립스는 자바를 비롯한 다양한 언어를 지원하는 프로그래밍 통합 개발 툴이며 오래전부터 개발에 사용해 오던 무료 공개형 개발자 툴(Tool)입니다.

그러나 애플(Apple)사는 이미 아이폰 앱 개발자를 위해 Xcode라는 전용 개발 툴을 아이폰 앱 개발자들에게 배포해 오고 있었습니다.

▲ 이클립스(Eclips) 사이트 www.eclipse.org

그 후 구글은 안드로이드 앱 개발자들을 위해 구글만의 툴(Tool)이 필요하게 되었습니다. 개발자를 위해 보다 전문적인 안드로이드 앱 개발 기술을 지원하기 위해서입니다.

어떤 개발이든지 개발 툴(Tool)에 익숙해 진다는 것은 이미 개발을 반 이상 한 것이나 다름없습니다. 개발 툴(Tool)의 익숙함과 숙련도는 개발의 필수요소이며 개발 진행의 어려움을 극복하는 최고의 능력입니다.

안드로이드 스튜디오는 구글 안드로이드 개발자 사이트(https://developer.android.com)에서 무료로 다운로드할 수 있으며 설치 후 바로 사용이 가능합니다.

▲ 안드로이드 개발자 사이트 developer.android.com

안드로이드 스튜디오는 앞으로 자세하게 배우게 될 것이므로 이 정도 소개로 마치도록 하겠습니다.

▲ 안드로이드 스튜디오(Android Studio) 실행 화면

자바(JAVA)와 안드로이드 SDK

자바(JAVA)는 안드로이드 앱을 개발하기 위한 언어입니다. 자바 언어를 다 배우고 난 뒤에 안드로이드 개발을 할 수 있지만, 반드시 필수사항은 아닙니다. 안드로이드 앱 개발을 먼저 공부하면서 필요한 부분이 발생했을 때 자바를 공부해도 문제는 없습니다.

안드로이드 앱 개발의 언어인 자바를 모르고 어떻게 개발을 할 수 있냐고 하시겠지만, 안드로이드는 SDK를 제공하고 있어서 반드시 자바를 공부하고 개발을 시작할 필요는 없습니다.

이 책은 자바 언어의 구체적인 세부 사항을 알려주지는 않습니다만 기본적인 자바 언어 책을 볼 수 있게 해줄 수 있습니다. 지금부터 자바 언어를 공부하고 어느 정도 수준에 올랐을 때 안드로이드 개발을 시작해야지라는 마음을 갖고 있다면 그 마음을 버리고 자바와 안드로이드 앱 개발을 같이 또는 안드로이드 앱 개발을 먼저 진행하는 것이 더 흥미롭게 공부할 수 있는 방법입니다.

안드로이드 SDK는 안드로이드 개발 키트(Kit)를 말하는 것입니다. 앞으로 SDK란 말이 많이 나오는데, 다른 언어에 관심이 있거나 개발자라면 SDK라는 흔히 듣는 말일 것입니다. SDK는 Software Development Kit의 줄임말입니다. 개발 키트(kit) 즉, 개발에 대한 대부분의 기능적 요소들을 가지고 있는 집합체라고 생각하면 됩니다. 그래서 안드로이드 앱 개발에 있어서 자바 언어도 중요하지만 안드로이드 SDK를 잘 활용하는 능력을 갖는 것도 매우 중요하다고 할 수 있습니다.

지금 자바를 잘 모른다고 안드로이드 앱 개발을 주저하고 있다면 다 잊어버리시고 그냥 본격적으로 시작하시기 바랍니다. 이 책은 안드로이드 앱 개발을 시작하는 초보를 위한 기초 입문서입니다. 그래서 이 책을 보는 것이 바로 안드로이드 앱 개발의 시작이라고 말할 수 있습니다.

안드로이드 개발자 등록

이제 안드로이드 개발자가 되어보겠습니다. 안드로이드 개발자로 등록하면 기술 지원이나 개발 중에 발생하는 모든 부분에서 지원을 받을 수 있습니다.

구글 개발자 사이트(http://developer.android.com/)에 접속을 합니다. 영어로 되어 있으면 우측 상단의 언어 버튼을 선택하여 한국어를 선택합니다. 그리고 상단 메뉴 중에 [Google Play]를 선택합니다.

▲ 안드로이드 스튜디오(Android Studio) 실행 화면

▲ 우측 상단의 play console 실행하기 버튼 노출

등록을 위해선 구글 계정을 가지고 있어야 합니다. 이전 단계에서 로그인 창이 뜨는데 구글 계정으로 로그인을 하면 다음 화면이 나타납니다. 동의를 하고 [결제 페이지로 이동]을 누릅니다.

결제 페이지가 나타납니다. 안내에 따라 결제를 진행하면 되고 개발자 등록 비용은 약 25달러입니다. 구글은 개발자 등록 비용이 유료이지만 국내의 티스토어나 올레 마켓 등 국내 앱 마켓은 개발자 등록이 무료이므로 원하는 쪽을 선택해서 개발자 등록을 하면 됩니다.

다음 화면은 유료 개발자 계정의 화면입니다. 앱을 등록하여 배포를 하고 다운로드 조회수를 확인할 수 있고 매출 부분도 확인할 수 있습니다.

스마트폰 앱을 만드는 여러 가지 방법들

스마트폰 앱을 개발하기 위해 안드로이드는 이클립스(Eclipse)라는 툴(Tool)을 사용하거나 안드로이드 SDK를 설치하여 개발을 하고 앱으로 변환하는데, 이 작업을 퍼블리싱(publishing)이라고 합니다.

웹 또는 모바일 분야에서는 퍼블리쉬(publish)라는 단어를 많이 사용합니다. 이런 분야에서 일을 하는 독자분들은 많이 들어 봤을 것입니다. 스마트폰 앱을 퍼블리싱하는데 자바를 공부하고 이클립스와 안드로이드 SDK를 설치해야만 변환할 수 있을까요? 그렇지 않습니다.

스마트폰 앱으로 퍼블리싱하는 툴과 언어는 많이 있습니다. 예를 들면 어도비(Adobe)라는 회사의 플래시(Flash)라는 프로그램과 웹사이트(Website)를 제작하는 드림위버라는 프로그램이 있습니다. 이 프로그램으로도 안드로이드, 아이폰 앱을 만들 수 있습니다.

그럼 플래시나 드림위버로 안드로이드, 아이폰 앱 두 가지 모두를 쉽게 만들 수 있다면 누가 안드로이드 앱을 만들기 위해 자바(JAVA)를 공부하고 이클립스를 공부할까요? 게다가 아이폰 앱 개발을 하려면 맥 컴퓨터도 사야 하고 오브젝티브씨(Objective C)라는 컴퓨터 프로그래밍 언어도 공부해야 하는 등 어려운 과정들이 많이 있는데 말입니다.

그 이유는 네이티브(Native)라는 것에 있습니다. 안드로이드 앱을 자바(JAVA) 언어로 만들면 앱은 네이티브 앱이 됩니다. 네이티브 앱은 안드로이드 단말기의 모든 센서나 기능 등을 제어할 수 있으며 앱 실행 속도에도 많은 차이가 있습니다. 또한, 안드로이드 개발자를 위해 구글(Google)에서 기술 지원도 합니다.

그러나 플래시나 드림위버로 만드는 앱은 안드로이드 단말기의 센서 지원을 모두 하지 못하고 속도나 반응 면에서 많은 제한이 있고 구글에서 기술 지원을 하지 않습니다. 이 책 8장에서는 최근에 구글이 안드로이드 앱 개발 언어로 채택한 코틀린(Kotlin)을 소개합니다. 참조하시기 바랍니다.

결론적으로 개발자가 필요에 따라 앱을 개발하는 툴을 선택하고 사용하면 되지만 이러한 선택의 결과에는 차이가 있다는 것을 명심하시기 바랍니다.

MEMO

A N D R O I D   E A S Y   A P P

 자바(JAVA) 언어란?

 자바의 기본 문법

자바(JAVA) 언어
훑어 보기

자바(JAVA) 언어
훑어 보기

안드로이드 앱을 개발하기 위한 프로그래밍 언어가 자바(JAVA)입니다. 자바 언어를 완벽하게 배우다는 것은 오랜 시간이 걸리고 많은 개발 경험이 있어야 합니다. 이번 챕터에서는 안드로이드 앱 개발에 필요한 자바 언어의 핵심 기능을 살펴보겠습니다.

 ## 자바(JAVA) 언어란?

자바(Java)는 썬 마이크로시스템즈라는 회사에서 만든 객체 지향 프로그래밍 언어입니다. 객체 지향 언어라고 하는 것은 독립된 단위의 프로그램들로 구성되어 있고 각각 데이터를 주고받아 통신할 수 있습니다. 모든 언어가 객체 지향적인 것은 아니며 이런 이론적인 부분은 매우 복잡하고 어려운 부분이라서 관심 있는 독자분들은 이 부분에 대해 별도로 공부하시기 바랍니다.

결론적으로 자바는 안드로이드를 개발하기 위한 언어입니다. 앞에서도 언급했듯이 안드로이드 앱을 만들기 위해서는 반드시 자바를 사용해 만들어야 하는 것은 아닙니다. 플래시나 HTML5를 가지고도 만들 수 있습니다. 이 외에도 안드로이드 앱을 만들 수 있는 환경을 제공하는 다른 프로그램 툴(Tool)들이 늘어나고 있는 추세입니다.

자바 언어로 작성하여 만든 안드로이드 앱을 네이티브(Native) 앱이라고 합니다. 안드로이드 운영체제를 제공하고 있는 구글은 네이티브 앱에 대한 기술 지원을 하고, 다른 언어나 툴(Tool)을 통하여 만든 앱에 대해서는 기술 지원을 하지 않습니다.

네이티브(Native) 앱은 빠른 속도와 안정성을 가지고 있으며 보안성도 가장 강력하다고 할 수 있습니다. 참고로 아이폰의 경우 오브젝티브씨(Objective C)로 만든 아이폰 앱을 네이티브(Native) 앱이라고 합니다.

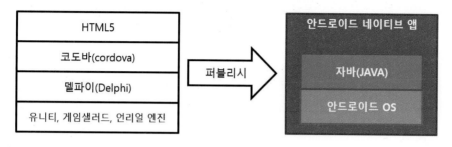

▲ 안드로이드 앱을 만들 수 있는 툴(Tool)

이 외에도 프로그램 코딩 없이 게임을 만들 수 있는 게임 샐러드(http://www.gamesalad.com), 에픽게임즈의 언리얼 엔진(https://www.unrealengine.com/ko), 유니티(https://unity3d.com/kr)라고 하는 툴(Tool)이 있으며 자바스크립트, HTML5, CSS3를 이용하여 앱을 만들 수 있는 코도바(https://cordova.apache.org)도 있습니다. 안드로이드 앱으로 퍼블리쉬 할 수 있는 기능을 제공하며 아이폰, PC에서까지 사용 가능한 게임을 만들 수 있습니다. 하나의 앱 개발로 여러 가지 환경에 맞는 퍼블리쉬(Publish) 지원을 하고 있지만, 성능이나 보안, 기술 지원 면에서 순수하게 자바 언어로 작성한 네이티브(Native) 앱을 따라갈 수가 없습니다.

경우에 따라 다른 툴(Tool)을 사용하여 안드로이드 앱을 개발하는 상황이 벌어진다고 해도 네이티브(Native) 앱 개발에 대한 지식이 있으면 많은 도움이 될 수 있으므로 기초적인 개발 공부를 반드시 하시기 바랍니다.

 # 자바의 기본 문법

여기서는 간단하게 자바의 기본 문법을 설명하려고 합니다. 다른 언어를 배웠거나 관심 있는 독자라면 한번 읽어 보기를 바라며 반드시 필수사항은 아니므로 다음 장으로 넘어가도 무방함을 알려드립니다. 자바의 기본적인 구조나 문법을 이해하여 앞으로 나오게 되는 다양한 자바 표현에 도움이 되고자 작성하였습니다. 자바 언어를 배우고자 한다면 별도의 자바 언어 책이나 자료를 이용하시기 바랍니다.

•주석

자바에서 주석 처리는 다음과 같이 인식합니다. 주석이라고 하는 것은 프로그램 안에 설명을 달거나 실행이 되지 않게 하는 역할을 합니다. 기호는 //과 /* */로 사용되는데 //는 행 단위에서 사용되며 /* */는 부분적으로 사용이 되는 주석 기호입니다.

예를 들면 다음과 같습니다.

> a. 숫자를 대입하여 실행하라 // 여기는 이런 형식이
> b. 숫자를 대입하여 /*실행하라
> 다음에서*/ 진행될 수 있는 것.

위에 두 가지는 모두 프로그램을 수행할 때 a의 // 이후에 작성한 '여기는 이런 형식이'라고 하는 글은 실행되거나 인식되지 않습니다. 그러므로 행 단위의 이 부분에는 프로그램의 설명이나 도움말을 쓸 수 있습니다.

b의 경우는 부분적으로 주석을 처리하는 경우입니다. /*로부터 시작하여 */로 끝나는 것입니다. 이 영역 안에는 실행되거나 인식되지 않습니다. 그러므로 다음과 같이 굵게 밑줄 친 부분만 실행된다고 보시면 됩니다. 여러 행 단위의 부분적 주석 처리에 도움이 됩니다.

> <u>숫자를 대입하여</u> /*실행하라
> 다음에서*/ <u>진행될 수 있는 것.</u>

주석은 어느 프로그램이나 매우 중요한 부분입니다. 개발을 진행하다 보면 에러가 발생하는 경우가 많이 있는데 이럴 때는 특정 부분을 주석 처리하고 해제하고를 반복하면서 에러가 되는 부분을 확인할 수 있기 때문입니다.

• JAVA의 구조

자바 언어로 작성된 파일은 반드시 확장자가 .java로 끝나야 합니다. 자바 언어로 작성하여 자바가 인식하기 위해서는 확장자의 규칙을 따라야 합니다.

자바로 작성한 소스(.java)의 구조는 다음과 같습니다.

Package 이름
Import 이름
Class

패키지(Package) 이름은 일종의 프로그램 단어들의 집합체입니다. 임포트(Import) 이름은 다른 곳에 저장되어 있는 자바 소스파일들을 불러오는 것입니다. 마지막으로 클래스(Class)는 실제로 프로그램을 작성하는 곳이라고 생각하면 됩니다.

```
package com.example.test2;

import android.os.Bundle;
import android.app.Activity;
import android.view.Menu;

public class MainActivity extends Activity {

        @Override
        protected void onCreate(Bundle savedInstanceState) {
                super.onCreate(savedInstanceState);
                setContentView(R.layout.activity_main);
        }

        @Override
        public boolean onCreateOptionsMenu(Menu menu) {
        // Inflate the menu; this adds items to the action bar if it is present.
                getMenuInflater().inflate(R.menu.main, menu);
                return true;
        }

}
```

소스는 위와 같은 형태로 작성이 됩니다. 작성할 때 마지막 행에는 반드시 세미콜론을 붙이는 것을 잊지 말기 바랍니다.

• 변수와 상수

다음에는 변수와 상수에 대해서 알아보겠습니다.

자료형	표현	크기	범위
정수	byte	1byte	−128 ~ 127
정수	short	2byte	−34,768 ~ 32,767
정수	int	4byte	−2,147,483,648 ~ 2,147,483,647
정수	long	8byte	−9,223,372,036,854,775,808 ~ 9,223,372,036,854,775,807
실수	float	4byte	$\pm(1.40*10^{(-45)} \sim 3.40*10^{38})$
실수	double	8byte	$\pm(4.94*10^{(-324)} \sim 1.79*10^{308})$
문자	char	2byte	0 ~ 65535
논리형	boolean	1bit	True(참), False(거짓)

정수, 실수, 문자를 사용하게 되는 경우는 위와 같은 형식과 사용범위를 갖고 있으며 이는 기본적인 사항이므로 숙지하기 바랍니다.

이제 간단한 자바 소스를 보고 설명을 진행하겠습니다. 실행 방법은 3장에 이클립스를 실행하여 테스트하는 방법이 있으니 참조하시기 바랍니다.

간단하게 숫자를 더하고 입력하는 자바 프로그램을 만들어 보겠습니다.

```java
package java2;

public class study1 {

        public static void main(String[] args) {

                int num1,num2;
                num1=5;
                num2=10;

                int num3=num1+num2;
                System.out.print(num3);

        }

}
```

num1과 num2라는 변수를 선언하고 거기에 숫자 5와 10을 대입하여 num3이라는 변수에 결과값을 출력하는 자바 프로그램입니다.

```java
System.out.print(num3);
```

이 문자는 결과값 15를 출력하라는 명령어입니다. 자바 프로그램의 명령어는 앞으로 안드로이드를 공부하는데 그대로 사용되게 됩니다.

• 조건 연산자

다음은 조건 연산자에 대해 학습해 보겠습니다. 조건이 맞고 안맞고에 따라 결과가 바뀌게 됩니다.

```java
package java2;

public class study1 {
```

```
public static void main(String[] args) {
    // TODO Auto-generated method stub ← 이 문장은 기본으로 출력되는 부분입니다.

        int num1,num2;

        num1=5;
        num2=10;

        if(num1>num2)
            System.out.print("num1>num2 은 참 입니다.");
        else
                System.out.print("num1>num2 은 거짓입니다.");


    }

}
```

num1과 num2에 각각 5, 10을 대입하고 if 괄호 안에 조건을 num1>num2로 정하였습니다. 5>10이라는 것과 동일합니다. 이 식에 대한 결과는 거짓입니다. 그래서 출력은 "num1>num2 은 거짓입니다."라고 나타납니다.

참고로 System.out.print("num1>num2 은 참 입니다."); 이 안의 내용 "num1>num2 은 참 입니다."는 작성자가 임의로 작성한 것이며 PC가 알아서 결정하여 알려준 사항이 아닙니다.

if와 괄호 안의 참 거짓 내용, 그리고 else의 구조를 가지고 있습니다. 좀 더 이해할 수 있게 다시 구성을 하면 다음과 같습니다.

```
package java3;

public class study1 {

    public static void main(String[] args) {
        // TODO Auto-generated method stub

        int num1,num2;
        num1=5;
        num2=10;

        if(num1<num2)
            System.out.print("참 입니다.");
```

```
            else
                System.out.print("거짓입니다.");
        }
    }
```

결과는 "참 입니다."라고 출력이 됩니다.

True(참), False(거짓)에 따라 실행이 되고 정지하는 것이며 다양한 형태로 사용됩니다.
마지막으로 if 조건문이 있습니다.

```
a.  if(조건식)
        {
        명령어
        }
b.  if(조건식)
        {
        명령어1
        }
    else
        {
        명령어2
        }
```

만약에 조건이 어떻게 되면 어떻게 된다는 식의 조건문입니다. a형과 b형이 있습니다. 조건에 맞
는지 맞지 않는지를 검토한 후 실행하는 것입니다.

• for 문

다음은 숫자가 일정하게 증감을 하게 할 수 있는 for 문에 대해 알아보겠습니다.

```
package java4;

public class study1 {

    public static void main(String[] args) {
        // TODO Auto-generated method stub

        for(int i=2; i<10; i++)
                System.out.println(i);
    }
}
```

앞의 소스 결과는 2부터 9까지 숫자가 출력됩니다. i에 2를 입력하고 난 후 i를 출력하고 i++는 하나하나 증가하는 것을 의미합니다. System.out.println(i);의 print 뒤에 붙은 ln은 세로로 출력하는 것을 의미합니다. ln을 뺀 System.out.print(i);으로 수정하여 출력해 보고 비교를 해 보시기 바랍니다.

for 문은 특정 조건까지 순환하는 것을 의미합니다. 앞의 for 문을 이용하여 구구단을 출력하는 프로그램을 만들어 보겠습니다.

```
package java5;

public class study1 {

        public static void main(String[] args) {
                // TODO Auto-generated method stub

        for(int i=2; i<10; i++)
        {
                for(int j=1; j<10; j++)
                        System.out.println(i+"x"+j+"="+i*j);
        }
    }
}
```

결과는 다음과 같습니다.

```
2x1=2
2x2=4
2x3=6

〈중략〉

9x6=54
9x7=63
9x8=72
9x9=81
```

for 문 안에 for 문을 넣어서 간단한 구구단을 완성하였습니다.

• 제어문의 구조

다음은 for 문과 같이 많이 사용되는 제어문의 구조에 대해 알아보겠습니다. 프로그램 진행의 반복과 조건에 대한 실행정지 등에 사용되며 형식은 다음과 같습니다.

```
a. while 문
   while(조건식)
       {
       명령문
       }

b. do ~ while 문
   do {
       명령문
       } while(조건식)

c. for 문
   for(초기값, 조건, 증감)
       {
       명령문
       }
```

위의 a는 조건에 따른 반복적인 순환을 하며 조건식에 맞지 않으면 실행은 중단됩니다. 그리고 b는 a와 동일한 것 같으나 반드시 한 번은 실행된다는 점에서 다르다고 할 수 있습니다. c는 초기에 설정된 값과 조건, 그리고 증감의 형태로 구성됩니다.

컴퓨터 프로그래밍 언어를 배운다는 것은 힘든 길입니다. 실전과 예제를 통해 배우는 것만이 중요하지만 이처럼 기본적인 사항은 한 번쯤은 보고 넘어가야 할 사항입니다. 이 책으로 자바에 대해 많은 것을 알려드릴 수는 없지만, 기본적인 사항의 정리를 통해서 넘어가야 한다는 생각으로 중요하고 자주 쓰이는 자바 언어의 유형들을 보여드렸습니다.

앞으로 지속적인 자바 공부를 통하여 안드로이드 개발에 많은 도움이 되었으면 좋겠습니다.

MEMO

안드로이드
개발 환경 준비

안드로이드
개발 환경 준비

안드로이드 스튜디오(Android Studio)라는 안드로이드 앱 개발 프로그램은 개발을 편리하게 하기 위한 개발 툴(Tool)입니다. 이번 챕터에서는 안드로이드 개발 환경을 만드는 과정을 살펴봅니다.

 ## 안드로이드 스튜디오 설치

안드로이드 앱 개발 환경을 설치하기 위해 우선 안드로이드 스튜디오(Android Studio)를 설치해 보도록 하겠습니다. 안드로이드 스튜디오를 설치하고 안드로이드 SDK를 설치하면 기본적인 안드로이드 개발 환경은 끝난다고 볼 수 있습니다.

안드로이드 스튜디오는 안드로이드 개발을 위해 프로그램을 작성하고 테스트하는 개발 도구로 개발자를 위해 구글에서 만들어 배포하는 툴(Tool)입니다. 기능 보완을 통하여 업그레이드 되고 있으며 속도나 오류 문제를 많이 개선해 오고 있습니다. 안드로이드 스튜디오는 무료로 배포되는 개발 툴(Tool)로 구글 개발자 사이트를 통하여 다운로드 받을 수 있습니다.

구글 개발자 사이트(http://developer.android.com)를 방문합니다. 사이트의 [DOWNLOAD ANDROID STUDIO] 버튼을 클릭합니다.

▲ 구글 개발자 사이트 안드로이드 스튜디오 다운로드

그럼 다음과 같은 화면이 나옵니다. 안드로이드 스튜디오 다운로드 관련 약관 동의를 클릭합니다. 윈도우(Window OS)용과 맥(Mac OS)용 안드로이드 스튜디오가 있으며 적합한 다운로드 버튼이 생성되므로 진행에 따라 버튼을 눌러 주면 됩니다.

다운로드가 진행됩니다.

다운로드가 완료되면 마우스로 클릭하여 설치를 진행합니다.

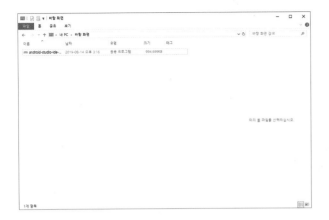

다음 화면에서 [Next] 버튼을 누릅니다.

다음 화면에서 [Next] 버튼을 누릅니다.

안드로이드 스튜디오를 설치하는 위치를 정하는 화면입니다. 위치를 변경 하실 때는 [Browse..]를 클릭하여 변경하시기 바랍니다. 그렇지 않으면 [Next] 버튼을 클릭합니다.

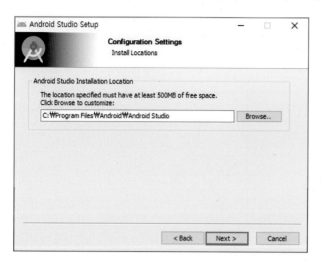

[Install] 버튼을 클릭합니다.

설치가 진행됩니다.

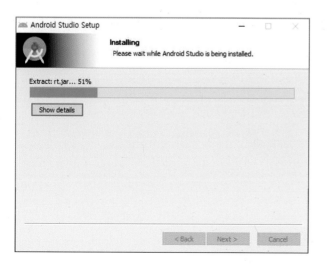

설치가 되었습니다. 다음 설정을 위해 [Next] 버튼을 클릭합니다.

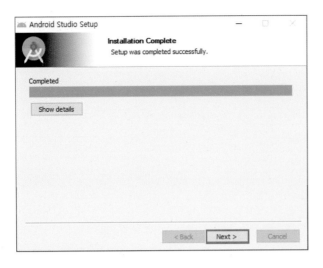

설치가 완료되었습니다. [Finish] 버튼을 클릭합니다.

Import android Studio Setting From는 기존의 안드로이드 스튜디오를 사용한 사용자가 있다면 설정 값을 가지고 올 수 있는 화면입니다. 처음 사용자는 Do not import settings를 선택하고 [OK] 버튼을 클릭합니다.

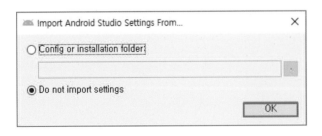

안드로이드 스튜디오가 설치되었다는 화면이 나타나고 이제부터 안드로이드 SDK와 개발 환경을
설정한다는 화면입니다. [Next] 버튼을 눌러줍니다.

Standard 옵션을 체크하고 [Next] 버튼을 눌러줍니다.

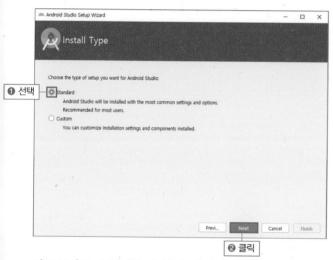

안드로이드 스튜디오의 화면 테마를 정하는 화면입니다. 원하는 타입을 정하고 [Next] 버튼을 선
택합니다.

안드로이드 스튜디오 관련 파일 설치 내역을 보여주는 화면이 나타납니다. [Finish] 버튼을 눌러 줍니다.

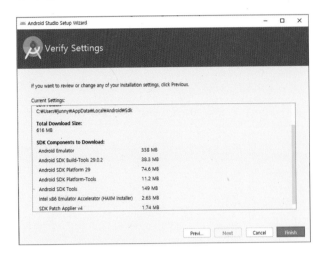

다운로드가 진행됩니다.

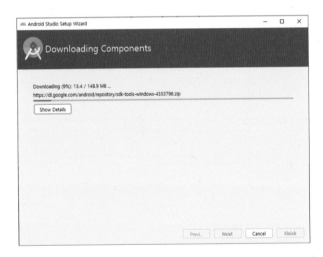

다운로드가 완료되었습니다. [Finish] 버튼을 눌러줍니다.

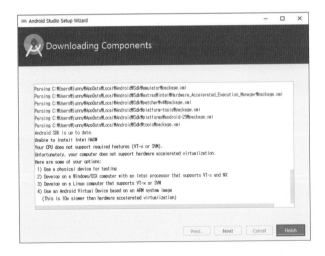

안드로이드 스튜디오가 설치되었습니다. 이전의 개발 환경을 만들기 위한 설치나 설정은 매우 어려운 면이 있었습니다. 그러나 안드로이드 스튜디오는 이런 복잡한 부분들을 개선하여 설치가 많이 쉬워졌습니다.

 • 설치경로에는 반드시 영문 이름이 올 수 있도록 폴더명을 영문으로 만들어 진행해 주시기 바랍니다. 오류의 원인이 될 수 있습니다.
• 안드로이드 스튜디오에서 다운로드를 요청하는 부분이 있으면 될 수 있는 한 다운로드 해 주시기 바랍니다.

안드로이드 스튜디오 실행

지금까지 안드로이드 스튜디오 설치에서부터 SDK 설치 그리고 개발 환경에 맞는 설정까지 완료하였습니다. 이제부터는 안드로이드 스튜디오를 실행해 보겠습니다. 처음 실행할 때는 가상의 스마트폰을 설정해야 합니다. 일종의 에뮬레이터(Emulator)인데 AVD(Android Virtual Device)라고 하는 것입니다. 개발을 하면서 만들고 있는 안드로이드 앱을 테스트해야 하는데, 그때 필요한 가상의 스마트폰이라고 생각하면 됩니다.

과거에는 에뮬레이터인 AVD의 테스트 실행이 매우 느리고 정신적인 건강에 좋지 않아 가급적 실제 스마트폰을 연결해서 테스트하는 방법이 더 빠르고 좋았습니다만, 최근에는 업데이트가 되어 많이 빨라졌습니다.

다음은 안드로이드 스튜디오의 시작 화면입니다. 설치가 완료되면 자동으로 시작되며 만약 시작되지 않으면 실행 아이콘을 클릭하여 실행합니다. 화면에서 첫 번째 줄의 [Start a new Android Studio project]를 클릭하여 안드로이드 스튜디오의 기본 프로젝트를 만들어 실행해 보겠습니다.

다음 화면은 앱의 모양을 설정하는 화면입니다. 일종의 앱 템플릿입니다. 기본적인 앱의 모양을 미리 설정하게 하여 개발을 쉽게 할 수 있도록 도와줍니다. Empty Activity를 선택하고 [Next] 버튼을 눌러줍니다.

앱 이름을 정하는 화면입니다. 언어(Language)는 반드시 Java로 선택을 해야 합니다.

앱 이름을 Start1이라고 정하고 [Finish] 버튼을 클릭합니다.

기본적인 프로젝트 구성 화면이 완성되었습니다.

화면 하단을 보면 로딩(Loading) 되고 있는 것을 볼 수 있습니다. 이 로딩이 완료될 때까지 기다리시기 바랍니다.

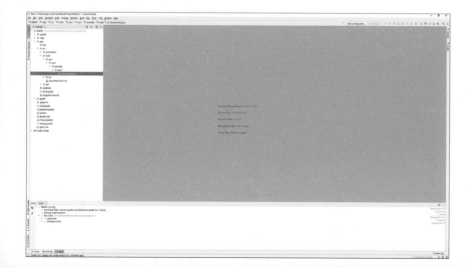

프로젝트가 완료되었습니다. 이제 앞에서 말한 가상의 스마트폰 에뮬레이터(Emulator)를 하나 추가해야 합니다. 가상 에뮬레이터 AVD(Android Virtual Device)라고 하는 것입니다.
상단 메뉴에서 [Tools] 〉 [AVD Manager]를 선택합니다.

가상 단말기 AVD를 만들어야 합니다. [+Create Virtual Device..]를 클릭합니다.

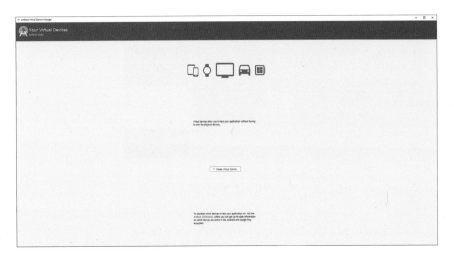

AVD Manager 화면이며 디바이스 타입을 선택하는 화면입니다. 이름, 화면 사이즈 등을 보고 선택하면 됩니다. 사이즈(Size)를 잘못 선택하면 PC 화면에 일부가 가려지는 경우도 있으니 적당한 사이즈를 선택합니다. 여기에서는 Nexus S를 선택하고 [Next] 버튼을 눌러줍니다.

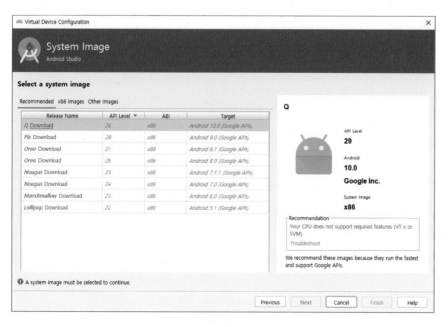

다음 화면이 나오면 다운로드를 눌러 관련 파일 다운로드를 진행합니다. 그런데 우측화면에 빨간색으로 오류표시(Your CPU does not support required features (vt-x or svm))가 나는 경우가 있습니다. 아주 오래된 PC이거나 AMD CPU를 사용하는 사용자에게 나타나는 경우가 있습니다. 해결하기 위해서는 Hyper-V를 사용하도록 설정해야 하는데 현재 예를 들어 현재 사용하는 Window 버전이 10인 경우는 Windows 10에 Hyper-V 설치 문서를 참조하시거나 검색해 주시기 바랍니다.

https://docs.microsoft.com/ko-kr/virtualization/hyper-v-on-windows/quick-start/enable-hyper-v

그 외의 OS인 경우는 인터넷 검색 "Hyper-V를 사용하도록 설정"을 참조하시기 바랍니다.

동의(Accept)를 체크하고 [Next] 버튼을 눌러주면 다운로드가 진행됩니다.

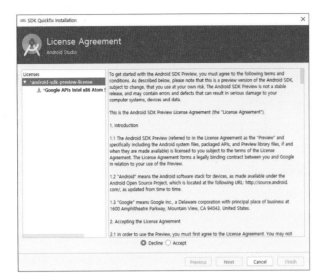

다운로드가 진행됩니다.

다운로드가 완료되면 [Finish] 버튼을 클릭합니다.

가상단말기 AVD가 만들어 졌습니다. AVD Name은 원하는 이름으로 변경하시기 바랍니다.

가상단말기가 하나 추가되었습니다.

우측 상단의 ▶ 아이콘을 클릭하여 프로젝트를 실행합니다. 그럼 이미 추가한 가상단말기가 실행되면서 기본 앱이 실행됩니다.

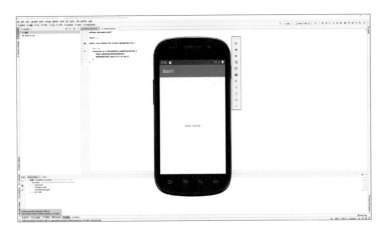

자바 환경 변수 설정

안드로이드 앱 개발은 자바 언어로 이루어집니다. 자바 언어 환경 설정 중에 자바 환경 변수 설정이 있습니다. 환경 변수 설정을 하게 되면 PC의 다른 프로그램에도 영향을 미칠 수 있는 경우가 발생합니다. 간혹 이 문제로 설치에 문제가 발생하는 경우가 있어 설명해 드리려고 합니다. 자바에 관한 문제가 발생하면 본 내용을 참조해 주시기 바랍니다. 우선 자바 환경 변수 설정에 대해 윈도우 10 기준으로 설명을 드리겠습니다.

윈도우 탐색기의 '내 PC' 에서 마우스 우측 클릭 후 메뉴가 보이면 [속성]을 누릅니다.

제어판의 시스템 화면에서 [고급 시스템 설정]을 클릭합니다.

시스템 속성 창이 뜨면 [환경 변수]를 클릭합니다.

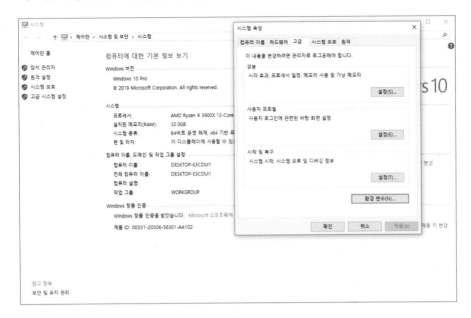

[새로 만들기]를 클릭합니다.

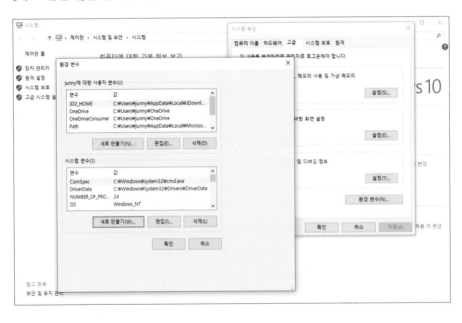

새 시스템 변수창이 나오면 변수 이름에는 JAVA_HOME이라고 입력합니다. 다른 이름으로 적어도 상관없습니다. 그리고 변수값은 자바가 설치되어 있는 경로를 적습니다. 예를 들어 C:₩ Program Files₩Java₩jdk1.8.0_05…와 같이 경로 폴더까지 적습니다. 경로에 따라 다를 수 있으며 JAVA 설치 폴더의 jdk로 시작되는 폴더 경로를 적어 주시면 됩니다. 다 적었으면 [확인] 버튼을 클릭합니다.

다음 그림과 같이 시스템 변수의 변수 리스트를 보면 Path라고 하는 변수가 있습니다. 선택 후 마우스로 두 번 클릭을 하거나 [편집] 버튼을 클릭합니다.

다음과 같이 편집 창이 뜹니다. 그럼 [새로 만들기]를 클릭합니다.

그럼 다음과 같은 창이 나오는데 ;%JAVA_HOME%₩bin 라고 적어줍니다. 그리고 [확인] 버튼을 누릅니다.

이제 환경 변수 설정이 끝났습니다. 테스트를 하려면 윈도우10 검색 아이콘을 누르고 검색창에 cmd라고 입력 후 엔터를 치면 명령 프롬프트 창이 실행됩니다. javac라고 입력 후 엔터를 치면 그림과 같이 설명들이 나옵니다. 그럼 정상적으로 설치가 된 것입니다.

결론적으로 환경 변수 설정은 PC의 어느 경로에서나 자바 실행이 가능할 수 있게 설정하는 것으로 생각하면 됩니다.

안드로이드 앱 만들기 2nd Edition / 하루 만에 배우는

MEMO

A N D R O I D   E A S Y   A P P

CHAPTER

안드로이드 개발
기초 다지기

안드로이드 개발
기초 다지기

이번 장에서는 안드로이드 스튜디오(Android Studio)에 대해 좀 더 자세한 사항을 학습하고, 안드로이드 개발에 필요한 화면 구성의 레이아웃에 대해 알아보겠습니다. 또한 에러 발생 시 해결 방법도 함께 알아봅니다.

 ## 안드로이드 스튜디오 살펴보기

안드로이드 앱은 주로 안드로이드 스튜디오라는 개발 툴을 이용하여 개발이 이루어지는데 초보자가 보기에는 매우 어렵게 느껴질 수 있습니다. 그래서 이번 챕터에서는 안드로이드 스튜디오의 전체적인 기능 설명을 통해서 안드로이드 앱 개발에 대해 좀 더 이해할 수 있는 시간을 갖도록 하겠습니다.

안드로이드 스튜디오를 설치 후 실행하면 다음과 같은 화면이 나타납니다.

[Start a new Android Studio project]를 선택합니다.

다음 화면은 앱의 템플릿(Template)을 정하는 화면입니다. Empty Activity를 선택하고 [Next] 버튼을 클릭합니다.

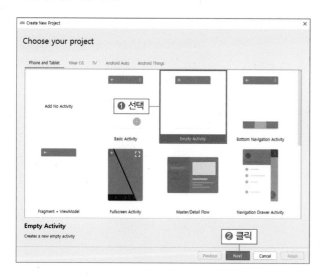

다음은 새로운 프로젝트 이름을 정하는 화면이고, 기본적인 이름들이 적혀있습니다. 간혹 'example'이라는 이름으로 입력되었다면 다른 단어를 입력하시기 바랍니다. 원하는 이름을 입력한 다음 [Next] 버튼을 눌러줍니다.

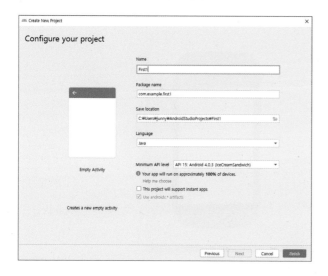

다음과 같은 화면이 나타납니다. 안드로이드 스튜디오가 만들어내는 기본적인 프로젝트(Project)인 안드로이드 앱(App)을 만들었습니다. 그럼 그 앱을 볼 수 있을까요? 우측 상단의 초록색 실행 버튼(▶)을 눌러보겠습니다.

가상 안드로이드 스마트폰 즉, 에뮬레이터가 나타나면서 앱이 실행되는 화면이 나타납니다. 그 화면에는 Hello World라는 글자가 보입니다. 지금까지 안드로이드 스튜디오를 통해 매우 간단하게 안드로이드 앱을 만들어 보았습니다.

안드로이드 가상 스마트폰 에뮬레이터(AVD: 이후 AVD로 통일)는 우리가 사용하고 있는 실제 스마트폰의 형태를 하고 있습니다. AVD의 빨간색 영역은 취소 버튼, 홈 버튼, 메뉴 버튼입니다.

AVD로 브라우저 화면을 확대하고 싶으면 [Ctrl]+마우스 왼쪽 클릭을 하고 이동하면 화면이 확대, 축소가 됩니다. AVD 오른쪽 버튼들은 아이콘을 보면 알듯이 전원, 소리크기, 가로세로화면, 카메라 등이 있습니다.

안드로이드 스튜디오가 기본적으로 만들어낸 앱은 스마트폰에 어떻게 표시될까요? AVD의 앱 목록을 보면 그림과 같이 나타나는 것을 볼 수 있습니다. 앱 아이콘은 안드로이드 스튜디오에서 나타나는 기본적인 아이콘이고 아이콘 아래 앱 이름이 First1이라고 나타난 것을 볼 수 있습니다.

앱을 실행해 보면 상단의 타이틀 바에 앱 이름이 써 있는 것을 볼 수 있습니다.

앱의 이름을 바꾸어 보겠습니다. 안드로이드 스튜디오의 왼쪽 파일중에서 res/values/strings.xml 파일을 클릭합니다.

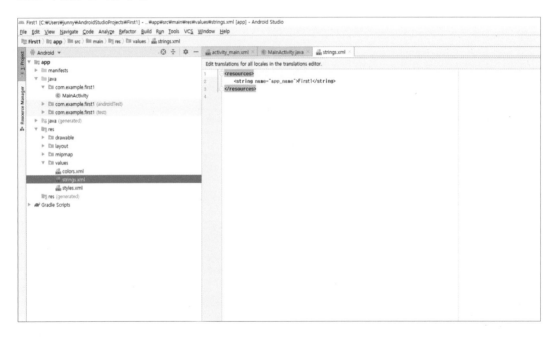

strings.xml 파일의 내용은 다음과 같습니다.

```
<resources>
    <string name="app_name">First1</string>
</resources>
```

First1의 이름이 앱 이름입니다. 이 이름을 First222로 변경해 보겠습니다.

```
<resources>
    <string name="app_name"> First222 </string>
</resources>
```

변경이 완료되었으면 상단의 초록색 실행 버튼(▶)을 눌러 줍니다. 그럼 AVD가 다시 실행됩니다. 홈 버튼을 눌러 앱 리스트를 보면 다음과 같이 앱 이름이 변경된 것을 알 수 있습니다.

그럼 이번에는 앱 화면의 상단 타이틀 화면 색을 변경해 보겠습니다. 파일경로 res/values/의 파일 colors.xml 파일을 선택합니다.

```
<color name="colorPrimary">#f11206</color>
<color name="colorPrimaryDark">#faee05</color>
<color name="colorAccent">#081ef7</color>
```

글씨 옆에 보이는 왼쪽 3개의 색 표시 중에 첫번째 색을 마우스로 클릭합니다.

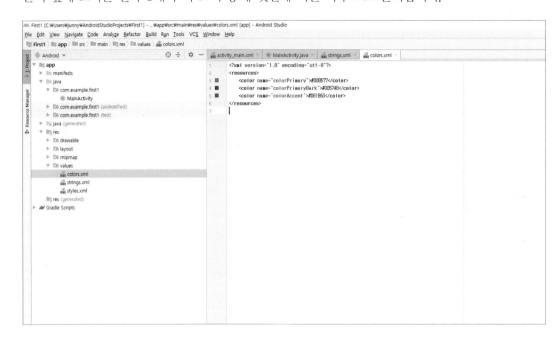

그럼 다음과 같이 색을 선택할 수 있는 창이 나옵니다. 여기에서 원하는 색을 선택합니다. 스포이드 모양의 아이콘을 클릭하면 컴퓨터 화면의 원하는 색을 가지고 올 수 있습니다. 여기서는 주황색을 선택하겠습니다. 색을 선택 후 색 선택 창 외의 영역을 클릭하면 창이 사라집니다.

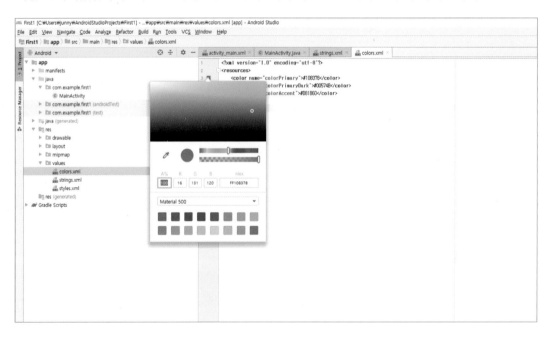

색을 변경하였습니다.

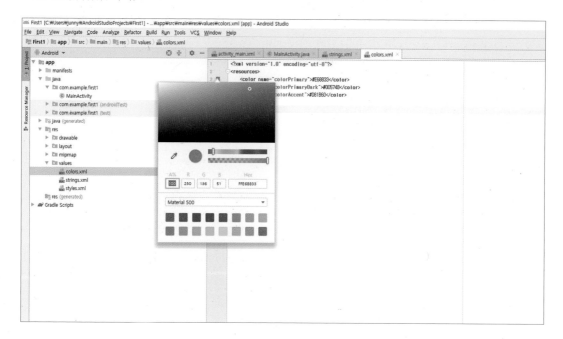

상단의 초록색 실행 버튼(▶)을 눌러 줍니다. AVD가 다시 실행되며 타이틀 바가 주황색으로 변경된 된 것을 알 수 있습니다.

이제는 앱을 만들 때 화면 구성하는 법에 대해 알아보겠습니다. 앱의 화면 구성은 레이아웃 (layout)이라는 폴더 안에서 이루어집니다. res/layout/activity_main.xml 파일을 클릭합니다. 그럼 다음과 같은 화면이 나타납니다. 디자인(Design)과 텍스트(Text) 탭이 있는데 디자인 탭에서는 앱을 만들고 있는 모양이 나타납니다.

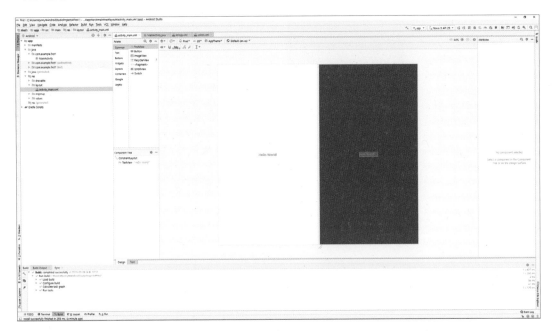

화면과 같이 텍스트(Text) 탭을 눌러줍니다. 그럼 프로그램 코드 같은 문장들이 보이는데 이전에 보았던 그래픽 화면을 코드(Code)로 표현하였다고 보시면 됩니다. 코드라고 해서 안드로이드 앱의 기반이 되는 자바(JAVA)는 아니고 XML이라는 코드 형식입니다. XML은 XML(eXtensible Markup Language)의 약자로서 홈페이지를 만들 때 HTML이라는 코드를 사용하는데 좀 더 좋은 기능들이 필요해서 고안된 코드(Code)라고 보시면 됩니다.

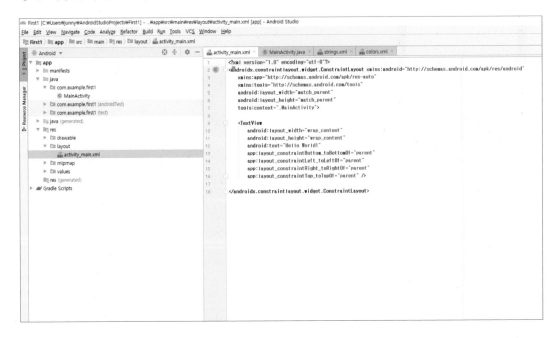

안드로이드 가상머신 에뮬레이터(AVD) 화면에 나타나는 글씨는 'Hello World!'라고 적혀있습니다. 이 글씨는 안드로이드 기본 프로젝트에서 나타나는 예제 텍스트(Text)라고 보시면 됩니다. 그럼 이 글씨를 다른 텍스트(Text)로 수정해 보겠습니다.

'Hello World!'라고 적혀있는 텍스트 영역을 클릭하면 우측의 속성창 text에 작성했던 내용이 있는 것을 확인 할 수 있습니다. 'Hello World! World!'라고 수정합니다.

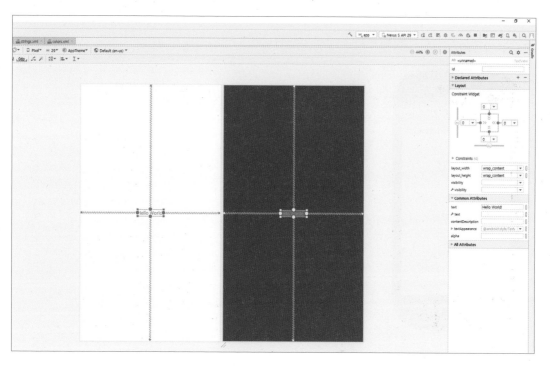

수정을 하였습니다.

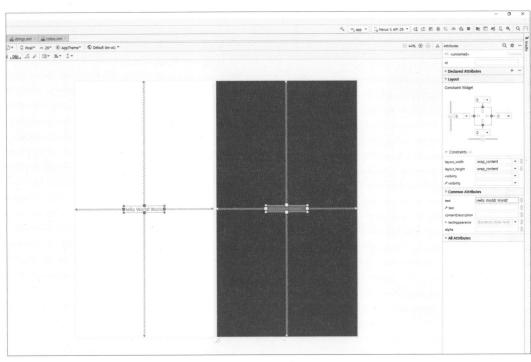

그리고 우측 상단의 초록색 실행 버튼(▶)을 눌러줍니다. AVD가 다시 실행되며 글씨가 변경된 것을 확인할 수 있습니다. 이제까지 안드로이드 스튜디오에서 기본적으로 제공하는 앱(App)의 예제를 가지고 화면에 보여지는 내용을 수정해 보았습니다.

텍스트(Text) 탭 화면의 코드를 보면 다음과 같습니다.

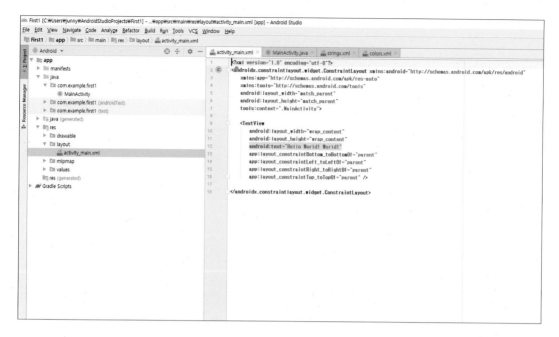

앞으로 안드로이드 앱 개발을 공부해 나가면서 이와 같은 예제를 많이 접할 수 있을 겁니다. 예제는 원리를 파악할 수 있고 보다 현실적인 학습을 할 수 있도록 많은 도움을 줄 것입니다.

안드로이드 스튜디오를 처음 실행하면 Import project (Eclipse ADT, Gradle, etc.)이라는 메뉴가 있습니다. 이 메뉴는 안드로이드 스튜디오 개발 프로그램이 나오기 전에 안드로이드 앱 개발 프로그램인 '이클립스' 프로그램으로 개발한 앱을 안드로이드 스튜디오로 불러와서 개발을 할 수 있게 해주는 메뉴입니다. 안드로이드 앱의 예제 프로그램 소스들은 이전의 이클립스로 만들어진 부분이 많아서 이 부분을 참조하시면 과거의 안드로이드 앱 예제를 많이 활용할 수 있습니다.

그럼 이클립스로 만든 앱 소스를 안드로이드 스튜디오에서 불러오는 방법을 알아보도록 하겠습니다. 안드로이드 스튜디오를 실행하고 [Import project (Eclipse ADT, Gradle, etc.)]를 선택합니다.

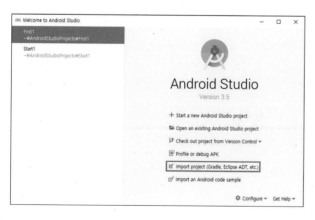

그럼 다음과 같이 불러올 소스를 선택하는 파일 탐색기 화면이 나옵니다. 여기에서 이클립스로 개발했던 안드로이드 앱 소스 폴더를 선택한 다음 [OK] 버튼을 누르고 이후 단계를 안내에 따라 진행하면 됩니다.

이번에는 안드로이드 스튜디오 화면의 구성에 대해 알아보겠습니다.

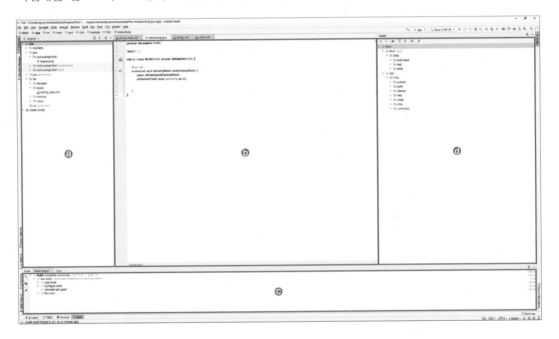

ⓐ : 프로젝트 앱을 구성하는 파일 존재 영역

ⓑ : 실제 파일에 대한 프로그램을 작성하는 영역

ⓒ : 오류나 진행 상황을 보여주는 영역

ⓓ : 속성을 보여주는 영역

ⓐ는 프로젝트를 구성하는 파일들이 생성되는 영역(Package Explorer), ⓑ는 실제 파일에 대한 프로그램을 작성하는 영역이고, ⓒ는 오류나 진행 상황들을 보여주는 영역입니다. 그리고 ⓓ는 속성을 보여주는 영역입니다. 왼쪽의 ⓐ프로젝트 영역에서 나타나 있는 폴더 중에 주요 폴더를 알아보도록 하겠습니다.

폴더 또는 파일명	설명
app / java	자바 언어로 작성된 파일들이 들어있는 폴더입니다. 프로그램 코딩(Coding)을 직접 작성한 파일입니다.
app / AndroidManifest.xml	앱에 관한 정보를 가지고 있는 파일입니다.
app / res	앱의 화면을 구성하는 리소스 폴더입니다.
Gradle Scripts	앱을 만들어 배포하는 도구입니다.

지금까지 'Hello World!' 를 'Hello World! World!'로 변경하였고 앱 이름도 First222로 변경하였습니다. 그럼 다음과 같은 구조를 생각할 수 있습니다.

아래 그림을 보면 초록색 화살표는 java/com.example.first1 폴더의 MainActivity.java 파일로부터 연결되어 앱 이름을 First222로 변경하는 흐름을 나타내었고, 또한 res/layout 폴더의 Hello world!를 수정하는 연결고리를 표시하였습니다. 검정색 화살표는 화면에 나타나는 res/layout 폴더의 activity_main.xml 파일 안에 있는 내용이 화면에 뿌려진다는 관계를 알 수 있습니다.

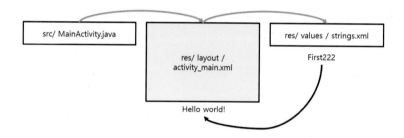

위에서 설명한 것처럼 안드로이드 프로젝트의 구조는 많은 폴더와 파일의 연결 구조로 되어있습니다. 이렇게 연결 구조의 관계를 잘 파악하고 있으면 앱을 만드는데 많은 도움이 됩니다.

안드로이드 개발을 하기 위한 툴인 안드로이드 스튜디오는 개발자들에게 다양한 단축키들을 제공하지만 그중에서도 가장 필요한 단축키를 하나 알려드리겠습니다. 가장 많이 사용하고 꼭 필요한 단축키로 코딩할 때 쓰입니다. **Ctrl** + **Space Bar** 를 꼭 기억하시기 바랍니다(자동으로 예상 코드 리스트가 나오기도 합니다). 원하는 코딩을 하다가 몇 글자를 입력하고 **Ctrl** + **Space Bar** 를 누르면 다음의 화면처럼 관련 코드 목록들이 나타납니다. 화살표로 선택한 후 **Enter** 를 누르면 선택한 코드가 입력되어 매우 편리합니다. 앞으로 이 단축키를 사용하는 습관을 가지시기 바랍니다.

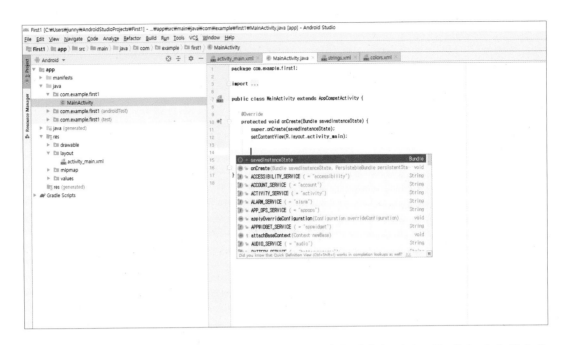

안드로이드 스튜디오는 에러가 발생하면 빨간색으로 표시가 됩니다. 마우스를 빨간 표시 위에 올려놓으면 다음과 같은 에러 내용이 나오게 됩니다. 이 에러 메시지는 마우스로 드래그와 복사가 되므로 다른 곳으로 옮기거나 기록을 할 수 있습니다. 이러한 방법으로 에러에 대한 답을 검색하거나 해결할 수 있습니다. 이 부분에 대해서는 이후에 세부적으로 학습하도록 하겠습니다.

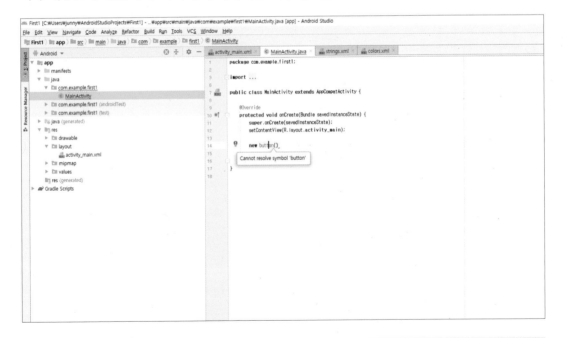

 체크 하세요

1. 코드 철자를 한두 개 입력 후 Ctrl + Space Bar 의 단축키를 많이 사용하세요(자동으로 예상 코드 리스트가 나오기도 합니다).
2. 에러 발생 후 빨간색 표시 위에 마우스를 올리면 에러 메시지를 볼 수 있습니다. 복사가 가능해서 오류 해결에 도움이 됩니다.

레이아웃 구성

안드로이드 앱의 화면을 구성하는 레이아웃에 대해서 알아보겠습니다. 레이아웃은 XML로 이루어져있어서 초보 개발자들이 보기에는 어려울 수 있습니다. 그러나 개념을 이해하면 많은 도움이 되리라 생각합니다.

res/layout/ 폴더의 activity_main.xml을 클릭합니다. 그럼 다음과 같은 화면이 나타납니다. 이전에 넣은 글자 Hello World! World!가 있습니다. 이 글씨를 삭제하겠습니다. 마우스로 클릭을 하고 Delete 키를 누릅니다.

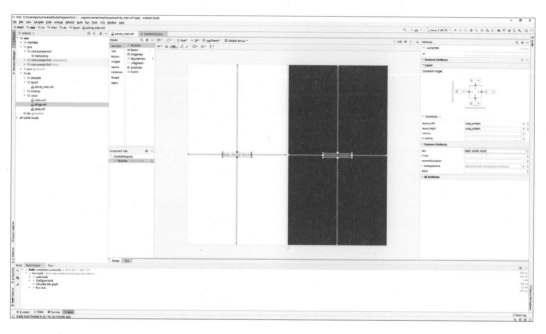

버튼(Button)을 하나 마우스로 끌어서 화면 다음과 같이 화면에 올려놓습니다.

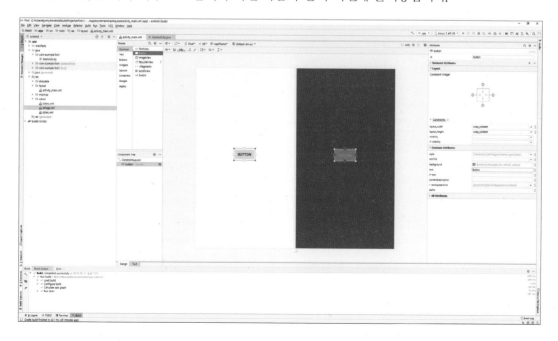

그럼 버튼이 올라간 화면을 이루는 코드들은 어떻게 되어 있을까요? 마우스로 하단의 [Text] 탭 버튼을 클릭하면 탭이 변경되면서 코드 영역을 다음과 같이 표시하게 됩니다.

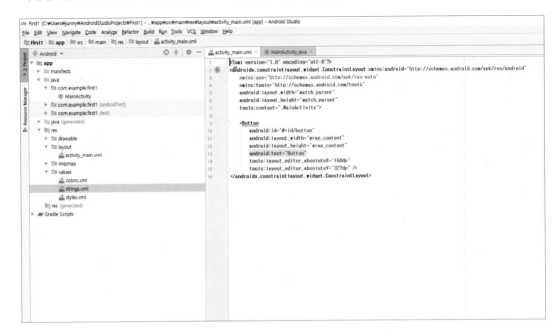

버튼에 대한 코드가 생겨난 것을 볼 수 있습니다. 각각의 코드들은 의미가 있습니다.

    android:id = 버튼을 지정합니다.
    android:layout_width = 버튼의 폭을 정합니다.
    android:layout_height = 버튼의 높이를 정합니다.
    android:layout_alignParentStart = 버튼을 왼쪽으로부터 배치합니다.
    android:layout_alignParentTop = 버튼을 위쪽으로부터 배치합니다.

android:layout_width의 wrap_content를 fill_parent로 변경해 보겠습니다. 변경을 하고 저장합니다. 우측 미리보기 화면을 보면 버튼이 늘어난 것을 볼 수 있습니다. android:layout _width= "fill_parent"는 버튼을 좌우로 채우게 합니다.

이번에는 android:layout_height의 wrap_content를 fill_parent로 변경해 보겠습니다. fill을 입력하고 이전에 배운 단축키 **Ctrl** + **Space Bar** 를 누르면 fill_parent로 자동완성 되는 것을 확인할 수 있습니다. 우측 미리보기를 보면 버튼 모양이 변경되어 있는 것을 볼 수 있습니다.

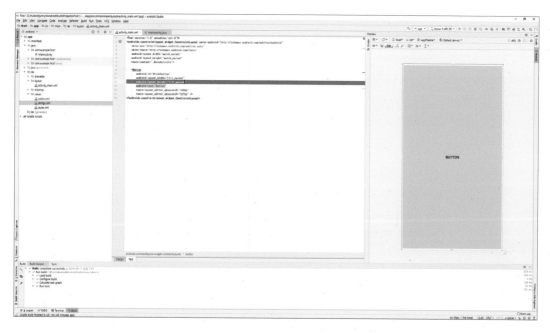

우측상단의 초록색 실행 버튼(▶)을 눌러 에뮬레이터로 실행해 보겠습니다. 큰 버튼이 만들어진 것을 볼 수 있습니다. 버튼을 누르면 버튼이 눌러지는 효과가 나타나는 것을 확인할 수 있습니다.

다시 버튼의 위 아래 높이 android:layout_height 를 wrap_content으로 변경하여 버튼의 높이를 줄이겠습니다. 버튼의 미리보기를 누르면 중앙에 위치하는 것을 볼 수 있습니다.

초록색 실행 버튼(▶)을 눌러 에뮬레이터로 실행해 보겠습니다. 버튼이 화면 위로 올라간 것을 볼 수 있습니다.

안드로이드 스마트폰의 크기는 매우 다양하기 때문에 버튼의 위치가 절대적이지 않습니다. 스마트폰 화면의 크기에 따라서 버튼의 위치가 틀릴 수 있습니다. 버튼 뿐만 아니라 다른 구성요소들도 마찬가지입니다. 안드로이드 스튜디오에는 이러한 화면 배치 문제를 개선하기 위해 다음과 위치를 정할 수 있는 기능이 있습니다. 지금부터 버튼의 위치에 대해 학습해 보겠습니다. 이와 관련한 사항은 본 도서 안의 나인패치도 다양한 안드로이드 스마트폰의 사이즈에 대응하기 위한 또 하나의 방법을 설명하고 있습니다.

버튼을 클릭하면 상하좌우에 선을 연결 할 수 있는 점이 나타납니다. 위의 점을 마우스로 클릭하여 드래그하면 화살표가 늘어납니다. 화면 상단에 연결합니다.

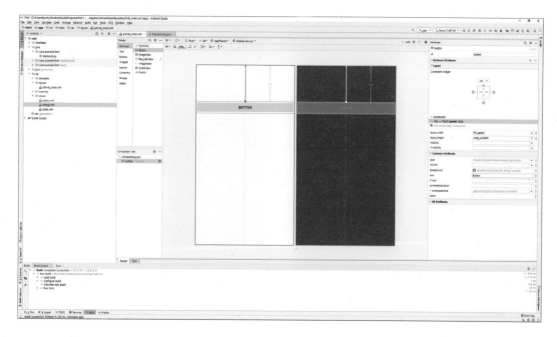

버튼 아래도 동일하게 연결합니다.

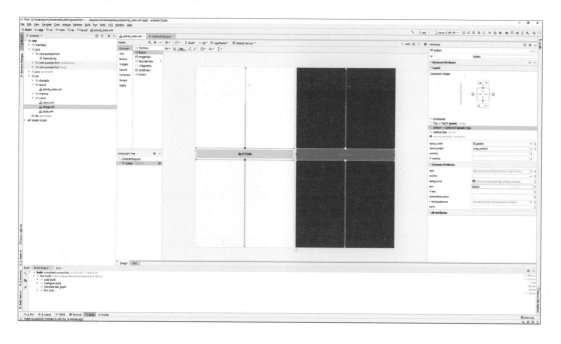

선을 삭제하기 위해서는 삭제를 원하는 위치의 시작점을 마우스로 클릭하고 **Delete** 키를 누르면 삭제 됩니다.

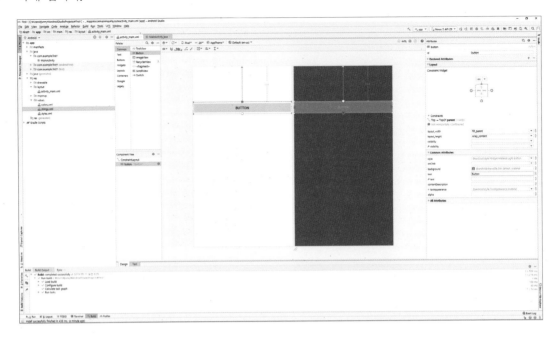

위 아래 연결이 다 되었습니다. 실행 버튼(▶)을 눌러 에뮬레이터로 실행해 보겠습니다.

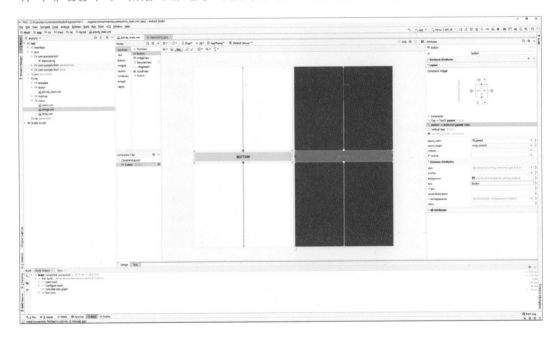

버튼이 중앙에 위치하는 것을 확인 할 수 있습니다.

이번에는 버튼의 가로 길이를 줄이겠습니다. android:layout_width="wrap_content"로 수정합니다. 우측 미리보기 버튼이 줄어든 것을 볼 수 있습니다.

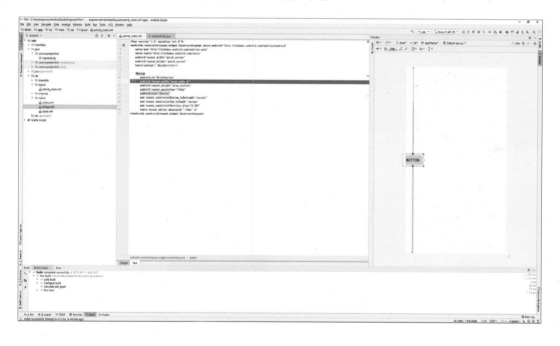

디자인(Design) 탭을 눌러 레이아웃 화면으로 이동합니다. 이번에는 버튼을 원하는 위치로 이동
해 보겠습니다.

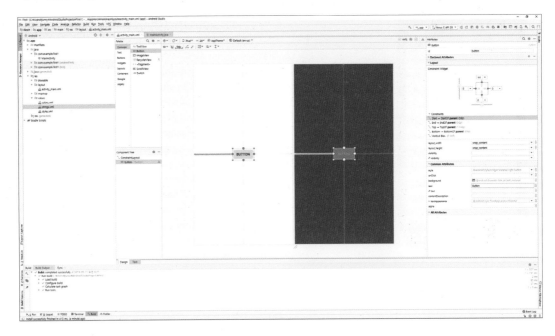

버튼을 마우스로 클릭한 후 원하는 위치로 이동시킵니다.

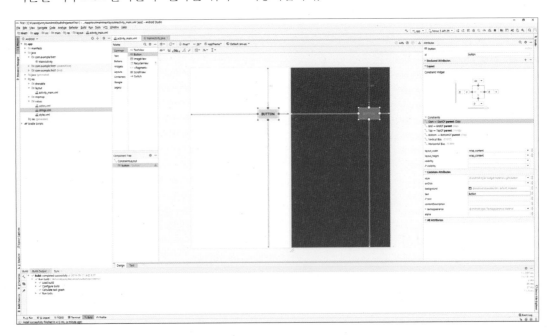

실행 버튼(▶)을 눌러 에뮬레이터로 실행해 보면 다음과 같이 버튼이 원하는 위치에 있는 것을 알수 있습니다. 이처럼 다양한 안드로이드 스마트폰의 화면에서 보여지는 상대적인 경로는 이렇게 버튼의 선 연결로 설정하게 되어 있습니다.

지금까지 레이아웃을 구성하는 XML 코드에 대해 알아보았습니다. 이 외에도 많은 XML의 코드들이 있습니다.

코드	설명
android:layout_alignTop	위쪽 정렬
android:layout_alignLeft	우측 정렬
android:layout_alignRight	좌측 정렬
android:layout_alignBottom	아래쪽으로 부터의 정렬
android:layout_above	위쪽 배치
android:layout_below	아래쪽 배치
android:layout_centerInParent	전체 화면의 가운데 정렬
android:layout_centerHorizontal	수평 정렬
android:layout_centerVertical	수직 정렬

dp, px, pt가 주로 사용되는 단위로, dp는 dpi를 의미하고 px은 픽셀, pt는 포인트를 의미하는 단위입니다. 값들을 변경한 다음 변화되는 것을 확인하면서 학습하는 것이 개발을 좀 더 빨리 이해하는 길입니다. 두려워하지 말고 하나하나 변경을 하면서 확인하고 이해하는 시간을 갖기 바랍니다.

 체크 하세요

1. fill_parent는 가로 또는 세로의 최대한 넓이의 자리 채움을 뜻합니다.
2. wrap_content는 화면을 고려하여 적절하게 배치되는 것을 의미합니다.

에러와 해결

여러분은 앞으로 개발을 진행하면서 많은 오류를 경험하게 되고 시련에 빠지기도 하고 기쁨을 맞이하기도 할 것입니다. 여기서는 오류와 부딪히게 되면 어떻게 해결을 해야 하는지에 대해 알려드리도록 하겠습니다.

앞에서 화면에 나타나는 버튼의 레이아웃 속성에 대해 알아보았습니다. 개발을 하다 보면 오류를 점검하거나 테스트가 필요하게 될 때, 일정 코드 부분의 전체 기능을 멈추고 부분적으로 코드를 실행하며 오류를 해결해야 하는 경우가 있습니다. 이때 사용하는 것이 주석입니다. 다음과 같이 버튼이 나타나는 화면을 보았습니다.

이 화면의 처음 시작점인 java 폴더의 MainActivity.java를 열어 보겠습니다. setContentView (R.layout.activity_main);의 기능을 사용 할 수 없게 해 보겠습니다. 그러기 위해서 앞에 주석 표시인 //를 입력합니다. 그러면 다음과 같이 초록색으로 표시되는 것을 볼 수 있습니다. 기능을 하지 않는다는 표시입니다.

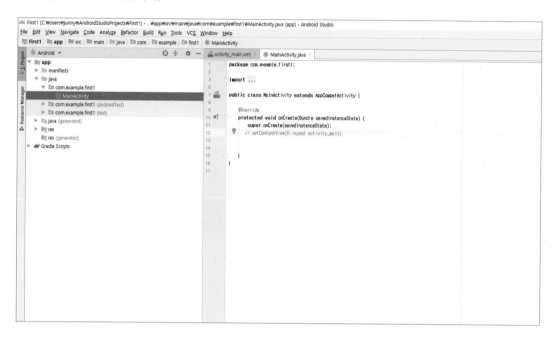

그런 다음 다시 상단의 초록색 실행 버튼(▶)을 눌러 실행(Run)해 보도록 하겠습니다. 그러면 에러는 발생하지 않는데 버튼이 있는 화면이 나타나지 않는 것을 확인할 수 있습니다. 이처럼 일정 부분의 기능을 사용하지 못하게 하기 위하여 주석을 사용합니다.

```
package app.example.first1

import android.appcompat.v7.app.AppCompatActivity;
import android.os.Bundle;

public class MainActivity extends AppCompatActivity {

    @Override
    protected void onCreate(Bundle savedInstanceState) {
        super.onCreate(savedInstanceState);
        //setContentView(R.layout.activity _ main);
    }
}
```

코드를 지우는 것이 아니라 가급적 주석으로 처리합니다. 예를들어 최근에 추가한 코드에 주석을 달아보고 지우고 하면서 어디에서 에러가 발생했는지 오류 부분을 찾을 수 있습니다.

그럼 이 외의 다른 에러들은 어떻게 해결을 하는 것이 좋을까요? 고의로 오류를 내어 어떻게 해결을 하는지 알아 보겠습니다. super.onCreate(savedInstanceState); 문장의 제일 앞의 s를 대문자로 변경해 보겠습니다. 변경한 후 상단의 초록색 실행 버튼(▶)을 눌러 실행합니다.

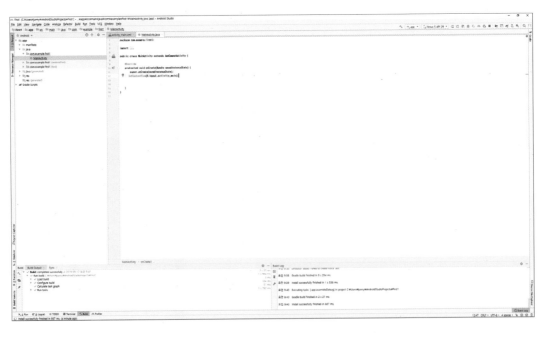

자바는 대소문자를 구분하기 때문에 화면 하단의 영역에 에러가 발생하는 것을 알 수 있습니다. 에러가 발생한 부분을 마우스로 선택한 후 키보드로 **Ctrl** + **C** 하여 복사합니다.

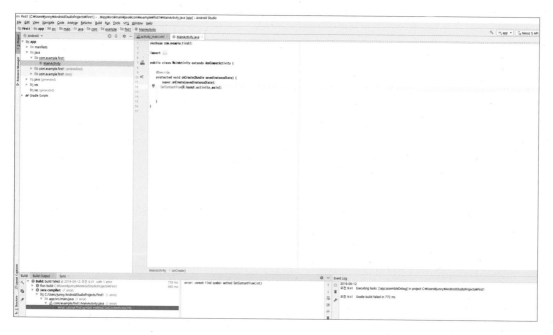

그리고 구글 검색 페이지(http://www.google.co.kr)로 이동합니다. 여기 검색창에 복사한 에러 메시지를 **Ctrl** + **V** 로 붙여넣기하여 검색합니다.

그럼 다음과 같은 검색 결과 화면이 나타납니다. 이제 안드로이드와 관련된 페이지를 열어 해답을 찾으시면 됩니다.

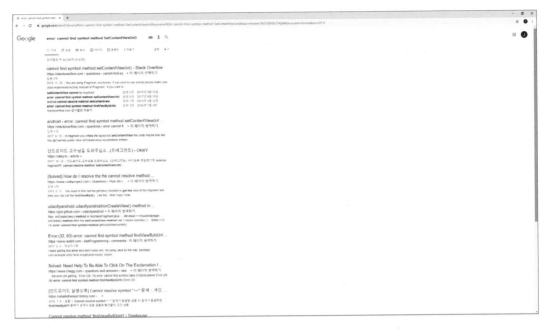

이렇게 하는 방법은 안드로이드 외에도 다른 프로그램에서도 많이 사용되는 방법으로 "구글링"이라고 부르기도 합니다. 구글 검색을 하기 위해서는 가급적 크롬(Chrome)을 사용하시기 바랍니다. 속도나 보안 문제에서 탁월한 성능을 보이기 때문입니다.

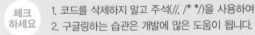
1. 코드를 삭제하지 말고 주석(//, /* */)을 사용하여 실험하세요.
2. 구글링하는 습관은 개발에 많은 도움이 됩니다.

MEMO

ANDROID EASY APP

CHAPTER

안드로이드 앱 만들기의 기초에서 고급까지

안드로이드 앱 만들기의
기초에서 고급까지

이제부터 앱을 만드는데 있어서 필요한 기능들을 알아보겠습니다. 다양한 기능들을 배우고 익히면 여러가지 응용이 가능하고 개발하는데 많은 도움이 됩니다. 잘 배워서 앞으로 앱을 만드는데 활용하기 바랍니다.

 ## 버튼을 눌렀을 때 반응하는 기능

예제파일 CD₩SAMPLE₩chapter5-1

버튼을 눌렀을 때 반응이 일어나는 기능을 만들어 보겠습니다. 버튼을 누르면 "버튼이 눌러졌습니다."라고 반응하고 사라지는 기능입니다. 그럼 지금부터 시작해 보겠습니다.

안드로이드 스튜디오를 실행합니다. 기존에 안드로이드 스튜디오를 실행하고 있었다면 안드로이드 스튜디오 상단 메뉴에서 [File] → [Close Project] 버튼을 눌러줍니다.

이제 안드로이드 스튜디오 초기 화면으로 돌아갈 수 있습니다. 초기 화면에서 [Start a new Android Studio project]를 눌러줍니다.

다음은 앱의 기본 화면 레이아웃인 템플릿을 정하는 화면입니다. [Empty Activity]를 선택한 후 [Next] 버튼을 눌러줍니다.

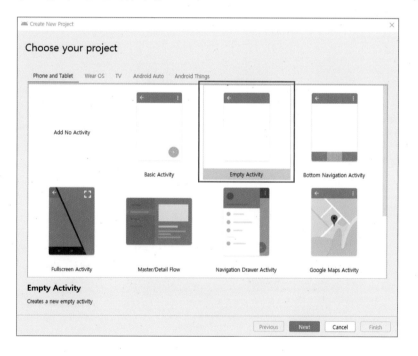

다음과 같은 화면이 나옵니다. Application name에는 원하는 앱의 이름을 적습니다. 기본적으로 My Application이라고 적혀 있습니다. 그 다음에는 Company Domain이라는 입력란이 있는데 회사 영문 정보나 사이트를 넣으면 됩니다. 그리고 Language는 자바(Java)로 선택해 주시기 바랍니다. 코틀린(Kotlin)으로 개발을 진행하시려면 코틀린을 선택하시면 되지만 이 책은 자바를 개발언어로 학습이 될 수 있도록 구성되어 있으므로 자바(Java)를 선택해 주시기 바랍니다.

앱 이름을 'sample5-1'로 적었습니다. 앱 이름은 대문자로 시작해야 합니다. 그렇지 않으면 빨간색으로 하단에 "The application name for most apps begins with an uppercase letter"가 뜨는 것을 볼 수 있을 것입니다. [Finish] 버튼을 클릭합니다.

그럼 다음과 같이 안드로이드 스튜디오에서 제공하는 기본적인 안드로이드 앱이 완성되었습니다. 기본적인 앱 프로젝트 구성과 MainActivity 파일의 에디터 화면입니다.

위의 탭 영역에서 activity_main.xml 파일을 선택합니다. 그럼 다음과 같은 화면이 나타납니다. 나타나지 않으면 하단의 [Design] 탭을 선택합니다. 화면에는 "Hello World"라고 적혀 있습니다.

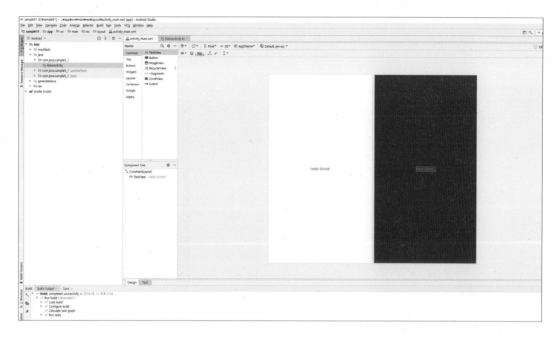

"Hello World"라고 적혀 있는 부분을 마우스로 클릭하면 그림 상하좌우로 선이 나타나는 모습을 볼 수 있습니다. 이 부분은 화면의 절대적인 위치를 잡기 위한 가이드 선인데 이 부분에 대해서는 이 책의 후반부에 설명하도록 하겠습니다.

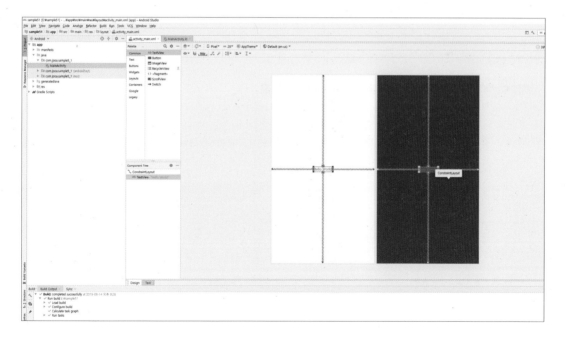

Palette에서 Text를 클릭 후 TextView를 마우스로 선택하여 우측의 레이아웃 화면까지 드래그 배치합니다. 앞으로 필요한 구성요소가 있으면 동일한 방식으로 Palette에서 가지고 레이아웃 화면에 배치하시면 됩니다. 우측 상단의 초록색 실행 버튼(▶)을 누릅니다.

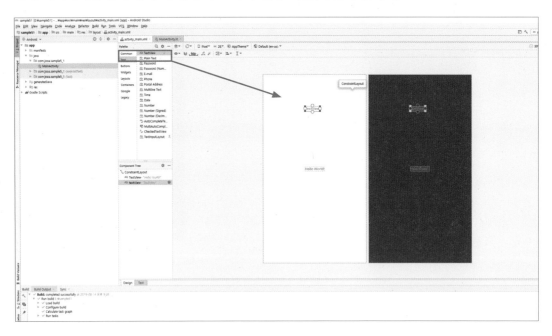

가상머신 스마트폰 에뮬레이터 AVD를 무엇으로 선택할 지에 대한 화면이 나타납니다. [OK] 버튼을 클릭합니다.

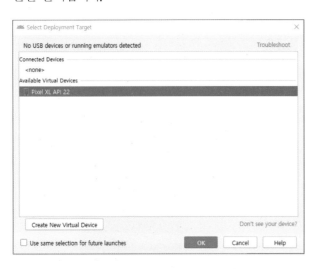

안드로이드 앱 만들기 2nd Edition

하루 만에 배우는

그럼 안드로이드 가상 스마트폰 에뮬레이터 AVD가 뜨면서 실행되는 것을 볼 수 있습니다. Hello World와 추가한 TextView를 볼 수 있습니다. TextView는 마우스로 두 번 클릭해서 원하는 Text 를 입력할 수 있습니다.

그럼 지금부터 버튼을 눌렀을 때 텍스트를 출력하는 간단한 앱을 만들어 보겠습니다. 버튼을 눌렀을 때 "버튼이 눌려졌습니다."라는 메시지가 잠깐 떴다가 사라지는 기능에 대한 코드입니다. 다시 상단의 activity_main.xml 탭을 선택하고 레이아웃 화면으로 돌아와 좌측 상단의 Palette에서 Button을 클릭 후 마우스로 선택, 드래그하여 레이아웃 화면으로 이동하여 배치를 합니다.

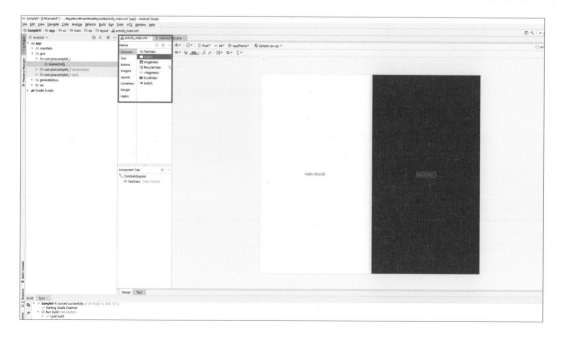

버튼(Button)을 배치하였으면 버튼을 구분 할 수 있는 아이디(id)를 지정해 줘야 합니다. id를 지정하는 이유는 여러가지 버튼이 있는 경우 어느 버튼이 그 기능에 해당되는지 구분하기 위해서입니다. 우측의 아이디(id) 입력란에 button1이라고 입력합니다.

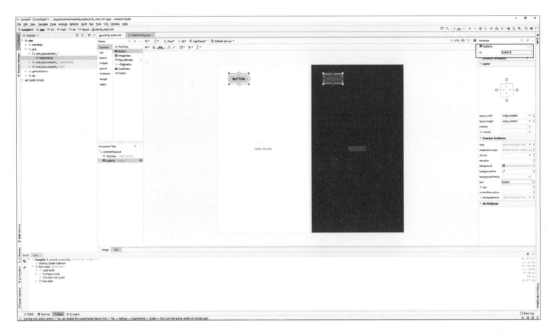

버튼을 추가하고 좌측하단의 탭 중에서 Text를 눌러 줍니다.

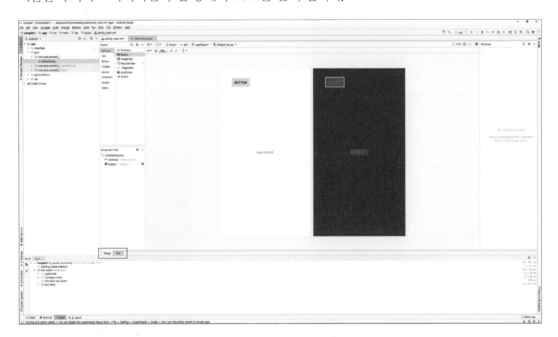

안드로이드 앱 만들기 2nd Edition

하루 만에 배우는

그럼 아래와 같이 버튼에 해당하는 코드가 추가된 것을 확인할 수 있습니다.

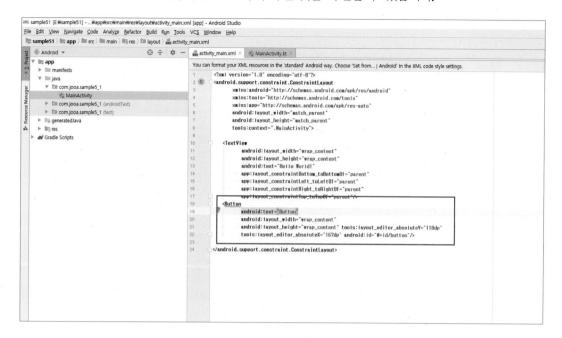

상단의 MainActivity.java 탭을 클릭하여 아래 내용의 코딩을 입력합니다. 빨간색까지 입력 후 **Ctrl** + **Space Bar** 를 누르면 그림과 같이 선택 할 수 있는 창이 나타나면 첫번째 View. OnClickListener{…}를 선택합니다. 그럼 아래와 같이 파란색 코딩이 자동으로 생성되는 것을 확인 할 수 있습니다. 자동 생성되지 않으면 직접 입력하셔도 됩니다.

```
Button button1 = (Button) findViewById(R.id.button);
button1.setOnClickListener(new OnClickListener() {
        public void onClick(View v) {
Toast.makeText(getApplicationContext(),"버튼이 눌러졌습니다.",Toast.LENGTH_LONG).show
(); }
        }
```

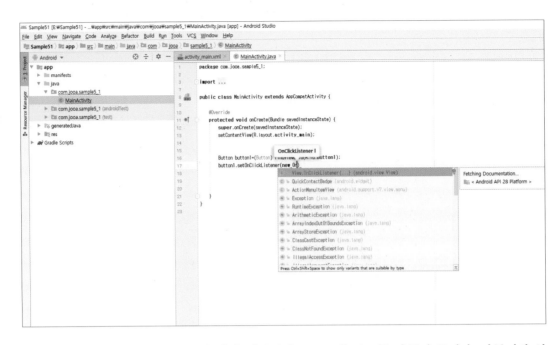

Ctrl + **Space Bar** 를 누르면 그림과 같이 기본적인 프로그램 구조를 만들어 줍니다. 만들어진 영역안에 파란색 글씨 영역을 입력합니다.

```
Button button1 = (Button) findViewById(R.id.button);
button1.setOnClickListener(new OnClickListener() {
        public void onClick(View v) {
Toast.makeText(getApplicationContext(),"버튼이 눌러졌습니다.",Toast.LENGTH_LONG).show
(); }
        }
```

그런데 빨간색의 에러 표시들이 나타납니다. 그리고 파란색 풍선 도움말로 **Alt** + **Enter** 라는 메시지가 나옵니다. 에러가 나타나는 곳 위에 **Alt** + **Enter** 를 누르면 에러가 사라집니다.

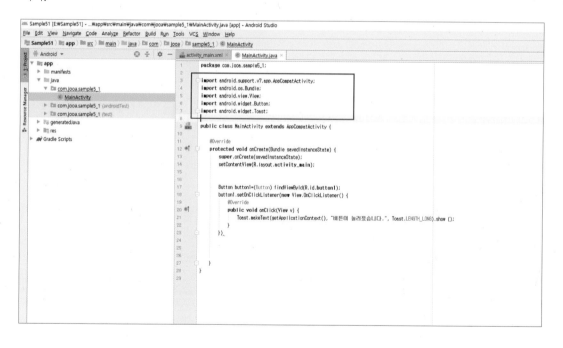

상단의 import의 + 를 클릭하면 **Alt** + **Enter** 할 때 마다 코드 행이 추가되는 것을 볼 수 있습니다.

Alt + Enter 를 누르면 에러가 사라지는 것은 각각의 기능을 위해 필요한 연결고리가 필요했던 것 같습니다. 그래서 상단의 import에는 추가된 사항들이 리스트로 나타난 것을 볼 수 있습니다. import라는 것은 필요한 기능을 불러서 사용한다는 의미라고 생각하시면 됩니다. 그럼 이제 우측 상단의 초록색 실행 버튼(▶)을 누릅니다.

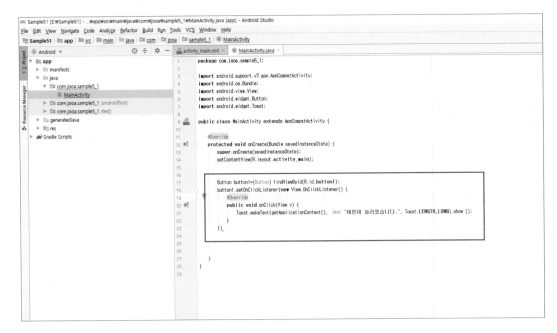

실행을 하면 다음과 같은 에러 메시지가 발생하는 것을 볼 수 있습니다. 초보 개발자들이 많이 하는 실수입니다. 괄호를 열었는데 괄호를 닫지 않았다던지 마지막에 세미 콜론(;)을 찍지 않았다던지 하는 오류입니다.

괄호를 닫지 않아서 발생하는 오류도 자주 범하는 오류입니다. 마우스로 빨간색 부분을 클릭합니다. 그럼 닫히는 괄호가 없는 부분도 알 수 있습니다. 아래와 같이 세미 콜론(;)을 추가해 줍니다. 괄호에 대한 쌍은 괄호를 마우스로 클릭하면 어느 괄호와 연결이 되어 있는지 확인할 수 있습니다. 수정을 하였으면 초록색 실행 버튼(▶)을 누릅니다. 그럼 안드로이드 가상 스마트폰 에뮬레이터 AVD가 뜨면서 실행되는 것을 볼 수 있습니다.

안드로이드 앱 만들기 2nd Edition / 하루 만에 배우는

버튼을 눌러줍니다.

버튼을 클릭하면 하단에 코드상에서 입력한 메시지가 나타났다가 사라집니다.

```
Toast.makeText(getApplicationContext(), "버튼이 눌러졌습니다.", Toast.LENGTH _ LONG).
show ();
```

토스트(Toast) 메시지는 이처럼 메시지가 나타났다가 사라지는 기능을 가진 메시지로 안드로이드 앱을 사용하다 보면 흔히 볼 수 있는 메시지입니다. LENGTH_LONG 코드는 토스트 메시지를 얼마나 오랫동안 띄우고 사라지게 할 것인지 결정하는데 LENGTH_LONG은 나타나는 시간이 길다는 의미이고, 시간을 짧게 하려고 하면 LENGTH_SHORT로 변경하면 됩니다.

```
Toast.makeText(getApplicationContext(), "버튼이  눌러졌습니다.", Toast.LENGTH _
SHORT).show ();
```

안드로이드 가상 스마트폰 에뮬레이터 AVD의 우측의 기능버튼을 누르면 가로, 세로로 스마트폰을 돌릴 수 도 있습니다.

동일하게 버튼을 눌러도 가로에 맞는 메시지가 나타남을 알 수 있습니다.

지금까지 작성한 코드는 다음과 같습니다.

MainActivity

```
package com.jooa.sample5 _ 1;

import android.support.v7.app.AppCompatActivity;
import android.os.Bundle;
import android.view.View;
import android.widget.Button;
import android.widget.Toast;

public class MainActivity extends AppCompatActivity {

    @Override
    protected void onCreate(Bundle savedInstanceState) {
        super.onCreate(savedInstanceState);
        setContentView(R.layout.activity _ main);


        Button button1=(Button) findViewById(R.id.button1);
        // 이 표시 부분은 설명을 돕기 위한 주석부분입니다.
        // 위의 초록색 버튼명은 activity_main.xml 파일의 android:id="@+id/button1" 버튼명과
        // 일치해야 합니다.

        button1.setOnClickListener(new View.OnClickListener() {
            @Override
            public void onClick(View v) {
                    Toast.makeText(getApplicationContext(), "버튼이 눌러졌습니다.",
Toast.LENGTH _ LONG).show ();
            }
        });
    }
}
```

안드로이드는 자바(JAVA) 언어를 기반으로 만드는 앱입니다. 그러므로 코드들은 자바 언어를 기초로 하고 있습니다. 즉, 자바를 학습해야만 앞의 코드들을 이해할 수 있습니다. 자바 언어는 다양한 분야에 걸쳐 사용되고 있습니다. 따라서 안드로이드 앱 개발을 위해서 자바를 공부하려면 개발에 필요한 부분을 먼저 공부하는 것이 도움이 될 것입니다.

그래서 이 책의 안드로이드 앱 소스를 이해하기 위해 꼭 필요한 자바 언어 부분을 공부할 수 있도록 소스 이해에 필요한 'JAVA CODE'라는 팁을 표시하도록 하겠습니다.

앞의 코드 중에 자바에서 학습이 필요한 부분은 다음과 같습니다.

 JAVA CODE • 코드를 이해하려면 자바에서 다음 용어를 확인하세요

class : 자바의 클래스
extends : 자바의 상속

Activity_main.xml

```xml
<?xml version="1.0" encoding="utf-8"?>
<android.support.constraint.ConstraintLayout xmlns:android="http://schemas.android.com/apk/res/android"
    xmlns:app="http://schemas.android.com/apk/res-auto"
    xmlns:tools="http://schemas.android.com/tools"
    android:layout_width="match_parent"
    android:layout_height="match_parent"
    tools:context=".MainActivity">

    <TextView
        android:layout_width="wrap_content"
        android:layout_height="wrap_content"
        android:text="Hello World!"
        app:layout_constraintBottom_toBottomOf="parent"
        app:layout_constraintLeft_toLeftOf="parent"
        app:layout_constraintRight_toRightOf="parent"
        app:layout_constraintTop_toTopOf="parent" />

    <Button
        android:id="@+id/button1"
        android:layout_width="wrap_content"
        android:layout_height="wrap_content"
        android:text="Button"
        tools:layout_editor_absoluteX="53dp"
        tools:layout_editor_absoluteY="37dp" />

</android.support.constraint.ConstraintLayout
```

원하는 웹사이트로 이동하는 기능

예제파일 CD\SAMPLE\chapter5-2

스마트폰을 이용하다 보면 특정 웹사이트를 방문할 때가 있습니다. 그런 경우 브라우저 주소창에 주소를 일일이 넣어야 하는 번거로움이 있습니다. 이번에는 버튼을 누르면 원하는 웹페이지로 이동하는 기능을 알아보겠습니다.

새로운 프로젝트를 생성합니다.

앱의 템플릿을 정하는 화면입니다. 기본적으로 빈 템플릿을 정합니다. 이 책에서는 [Empty Activity]로 정하고 [Next] 버튼을 눌러줍니다.

앱 이름을 정하고 [Finish] 버튼을 눌러줍니다.

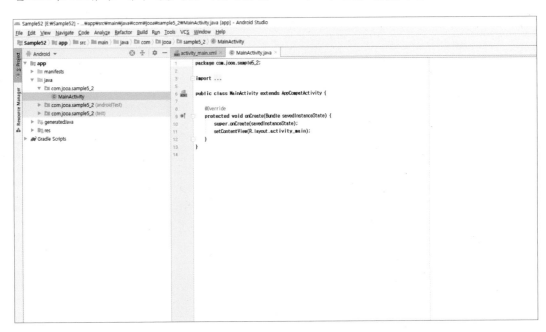

안드로이드 스튜디오에서 제공하는 기본적인 앱 프로젝트가 만들어졌습니다.

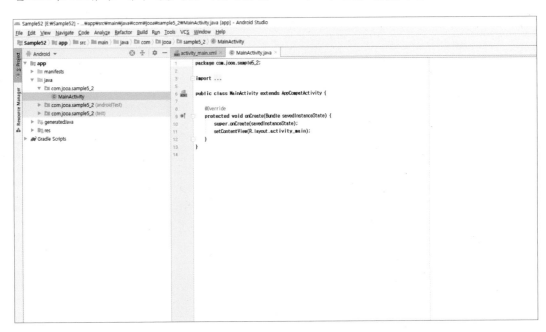

상단의 초록색 실행 버튼(▶)을 눌러 실행해 보겠습니다. 안드로이드 가상 스마트폰 AVD를 선택하는 화면이 나타납니다. 가상 단말기를 선택 후 [OK] 버튼을 누릅니다.

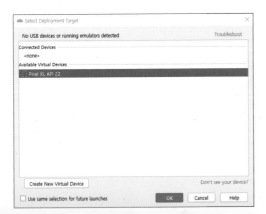

기본적으로 만들어진 앱이 실행되면서 'Hello World'라는 문구를 그림과 같이 보여줍니다.

activity_main.xml 탭을 클릭 후 하단 디자인(Design) 탭을 클릭하여 왼쪽 상단의 Palette에서 Button을 클릭하여 버튼 3개를 화면에 배치합니다.

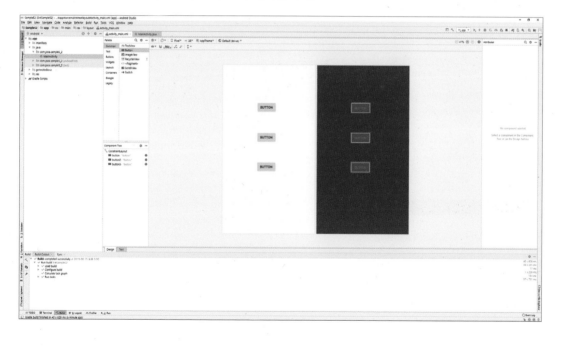

상단의 초록색 실행 버튼(▶)을 눌러 실행해 보겠습니다.

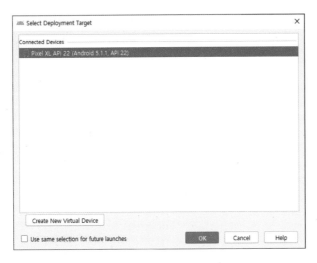

그림과 같이 버튼 3개가 왼쪽 위에 몰려 있는 것을 볼 수 있습니다. 버튼의 위치를 잡아주지 않아서 발생하는 현상입니다.

activity_main.xml 탭을 클릭 후 하단의 디자인(Design) 탭을 클릭하여 첫번째 버튼을 마우스로 클릭을 합니다.

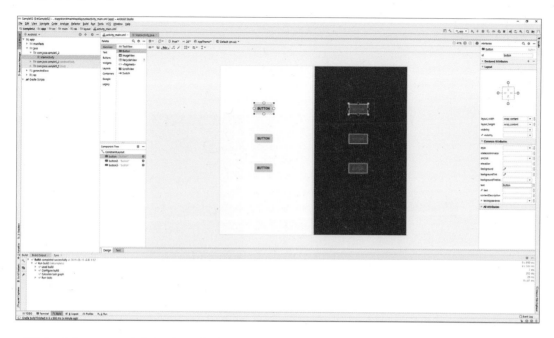

버튼을 마우스로 클릭하면 버튼 네 면에는 선택할 수 있는 점들이 나타납니다. 그 점을 클릭하여 화면 상단으로 마우스 드래그하여 화면 상단에 붙입니다.

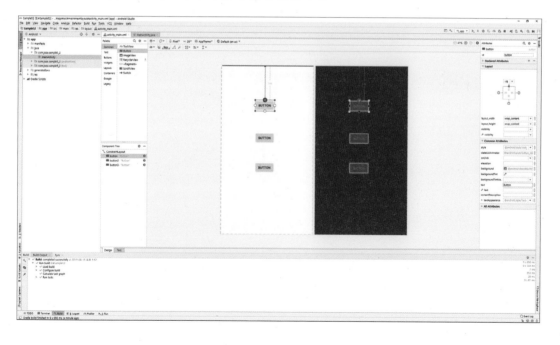

버튼과 버튼 사이도 그림과 같이 연결합니다. 이렇게 하는 이유는 안드로이드 폰의 화면은 다양한 크기로 생산되고 있습니다. 그에 따른 해상도도 각각 다릅니다. 그런 해상도에 상대적으로 위치를 잡기위해 배치를 잡는 방법입니다. 반드시 선으로 상하좌우 연결이 되어야 위치를 잡을 수 있습니다.

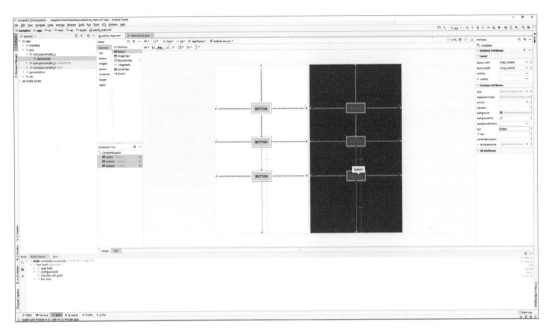

상단의 초록색 실행 버튼(▶)을 눌러 실행해 보겠습니다. [OK] 버튼을 클릭합니다.

버튼 3개의 위치가 적당한 위치에 배치되어 있는 것을 확인 할 수 있습니다.

activity_main.xml 탭을 클릭한 후 하단 Text 탭을 클릭하면 버튼 3개 관련 코드가 추가된 것을 확인 할 수 있습니다.

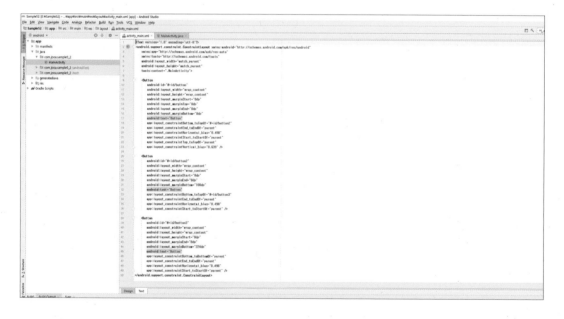

버튼 하나당 코드는 다음과 같은 구성으로 되어있습니다.

```
<Button
    android:id="@+id/button1"
    android:layout _ width="wrap _ content"
    android:layout _ height="wrap _ content"
    android:layout _ marginStart="8dp"
    android:layout _ marginTop="8dp"
    android:layout _ marginEnd="8dp"
    android:layout _ marginBottom="8dp"
    android:text="WEB1"
    app:layout _ constraintBottom _ toTopOf="@+id/button2"
    app:layout _ constraintEnd _ toEndOf="parent"
    app:layout _ constraintHorizontal _ bias="0.498"
    app:layout _ constraintStart _ toStartOf="parent"
    app:layout _ constraintTop _ toTopOf="parent"
    app:layout _ constraintVertical _ bias="0.639" />
```

이 부분은 android:id="@+id/button" 자바 폴더의 MainActivity 파일 내의 코드와 연결되는 아이디 및 식별자라고 생각하면 됩니다.

3개 버튼에 각각 구분을 하기 위해 아이디(id)를 입력합니다. 버튼을 각각 클릭하여 button1, button2, button3으로 입력합니다.

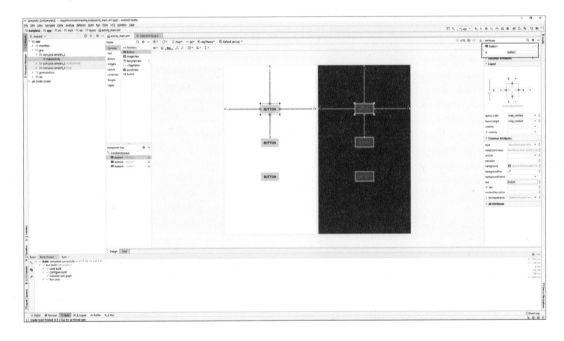

버튼명을 입력해 줍니다. WEB1, WEB2, WEB3으로 입력합니다.

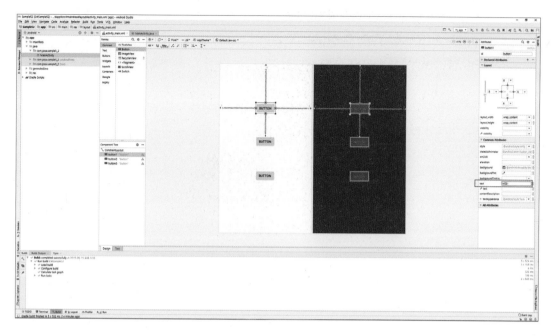

각각 3개 버튼에 버튼명을 클릭하여 입력합니다.

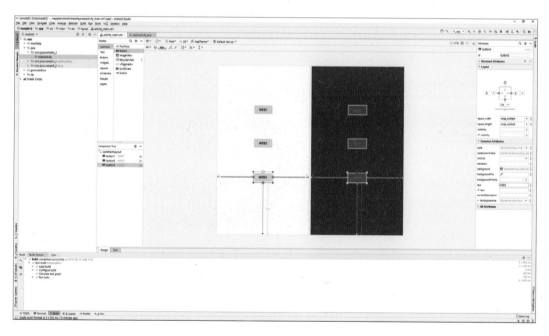

MainActivity.java 탭을 클릭하고 코딩을 입력합니다. 우선 버튼 하나를 눌렀을 때 해당 사이트로 이동하는 것을 코딩해 보겠습니다. 다음과 같은 코드를 입력합니다. 초록색 부분이 코드 추가부분입니다.

```
Button button1 = (Button) findViewById(R.id.button1);
button1.setOnClickListener(new View.OnClickListener(){
    public void onClick(View v) {
            Intent myIntent = new Intent(Intent.ACTION_VIEW, Uri.parse("http://
www.daum.net"));
        startActivity(myIntent);
    }
} );
```

Alt + Enter 이 표시되는 에러 부분에 Alt + Enter 를 클릭하여 해당 관련 기능을 import
에 추가해야 합니다.

나머지 버튼 2개도 코딩을 추가해 줍니다.

완료가 되었으면 초록색 실행 버튼(▶)을 눌러 실행해 보겠습니다. 그럼 다음과 같이 나타납니다.

WEB1 버튼을 클릭하면 스마트폰 내의 브라우저가 뜨면서 해당 사이트로 이동합니다.

WEB2 버튼을 클릭하면 해당 사이트로 이동합니다.

WEB3 버튼을 클릭하면 해당 사이트로 이동합니다.

이런 기능을 사용해서 자주 가는 사이트를 모아 본인만의 앱을 만들 수 있습니다. 이후에 공부하게 되겠지만 직접 앱을 만들어 본인의 스마트폰에 설치하여 사용할 수 있고 디자인을 더 구성해서 스토어를 통해 배포할 수 있습니다. 조그만 기능인 것 같지만 응용 범위가 많으므로 잘 복습하시기 바랍니다.

추가된 코드는 다음과 같습니다.

MainActivity.java

```java
package com.jooa.sample5_2;

import android.content.Intent;
import android.net.Uri;
import android.support.v7.app.AppCompatActivity;
import android.os.Bundle;
import android.view.View;
import android.widget.Button;

public class MainActivity extends AppCompatActivity {

    @Override
    protected void onCreate(Bundle savedInstanceState) {
        super.onCreate(savedInstanceState);
        setContentView(R.layout.activity_main);

        Button button1 = (Button) findViewById(R.id.button1);
        button1.setOnClickListener(new View.OnClickListener(){
            public void onClick(View v) {
                Intent myIntent = new Intent(Intent.ACTION_VIEW, Uri.
                parse("http://www.daum.net"));
                 startActivity(myIntent);
            }
        } );

        Button button2 = (Button) findViewById(R.id.button2);
        button2.setOnClickListener(new View.OnClickListener(){
            public void onClick(View v) {
                Intent myIntent = new Intent(Intent.ACTION_VIEW,Uri.
                parse("http://www.naver.com"));
                            startActivity(myIntent);
            }
        } );

        Button button3 = (Button) findViewById(R.id.button3);
        button3.setOnClickListener(new View.OnClickListener(){
            public void onClick(View v) {
                Intent myIntent = new Intent(Intent.ACTION_VIEW,Uri.
                parse("http://www.nate.com"));
                startActivity(myIntent);
            }
```

```
        } );

    }


}
```

JAVA CODE • 코드를 이해하려면 자바에서 다음 용어를 확인하세요

public, protected : 자바 접근제어자
new Intent : 인스턴스화

Activity_main.xml

```xml
<?xml version="1.0" encoding="utf-8"?>
<android.support.constraint.ConstraintLayout xmlns:android="http://schemas.
android.com/apk/res/android"
    xmlns:app="http://schemas.android.com/apk/res-auto"
    xmlns:tools="http://schemas.android.com/tools"
    android:layout_width="match_parent"
    android:layout_height="match_parent"
    tools:context=".MainActivity">

    <Button
        android:id="@+id/button1"
        android:layout_width="wrap_content"
        android:layout_height="wrap_content"
        android:layout_marginStart="8dp"
        android:layout_marginTop="8dp"
        android:layout_marginEnd="8dp"
        android:layout_marginBottom="8dp"
        android:text="WEB1"
        app:layout_constraintBottom_toTopOf="@+id/button2"
        app:layout_constraintEnd_toEndOf="parent"
        app:layout_constraintHorizontal_bias="0.498"
        app:layout_constraintStart_toStartOf="parent"
        app:layout_constraintTop_toTopOf="parent"
        app:layout_constraintVertical_bias="0.639" />

    <Button
        android:id="@+id/button2"
        android:layout_width="wrap_content"
        android:layout_height="wrap_content"
        android:layout_marginStart="8dp"
        android:layout_marginEnd="8dp"
```

안드로이드 앱 만들기 2nd Edition

하루 만에 배우는

```
            android:layout_marginBottom="100dp"
            android:text="WEB2"
            app:layout_constraintBottom_toTopOf="@+id/button3"
            app:layout_constraintEnd_toEndOf="parent"
            app:layout_constraintHorizontal_bias="0.498"
            app:layout_constraintStart_toStartOf="parent" />

    <Button
            android:id="@+id/button3"
            android:layout_width="wrap_content"
            android:layout_height="wrap_content"
            android:layout_marginStart="8dp"
            android:layout_marginEnd="8dp"
            android:layout_marginBottom="224dp"
            android:text="WEB3"
            app:layout_constraintBottom_toBottomOf="parent"
            app:layout_constraintEnd_toEndOf="parent"
            app:layout_constraintHorizontal_bias="0.498"
            app:layout_constraintStart_toStartOf="parent" />
</android.support.constraint.ConstraintLayout>
```

예제파일 CD₩SAMPLE₩chapter5-3

이번에는 여러 화면으로 이동하는 기능을 학습해 보도록 하겠습니다. 처음 화면에 있는 메뉴 중 원하는 것을 선택하면 해당 화면으로 이동하는 기능입니다. 다음은 일반적인 메뉴 구성과 화면 이동입니다.

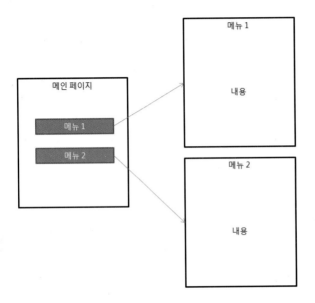

이동할 각각의 화면에는 메뉴에 해당하는 내용을 입력하면 됩니다. 그럼 지금부터 앱의 기능 구현에 대해 알아보도록 하겠습니다.

새로운 프로젝트를 생성합니다.

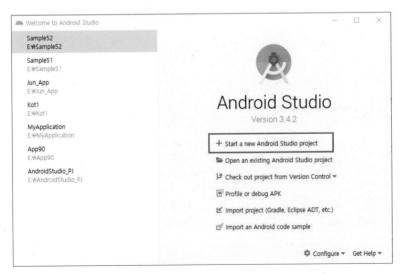

기본적으로 빈 템플릿을 선택합니다. [Next] 버튼을 누릅니다.

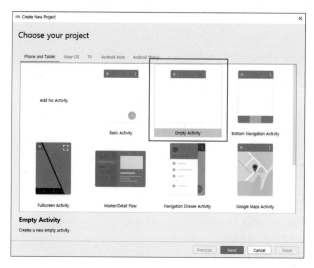

안드로이드 앱의 이름을 적고 [Finish] 버튼을 눌러줍니다. Language는 Java를 선택합니다.

•화면 추가하기

기본 프로젝트가 완성되었으면 이동할 화면, 즉 액티비티(Activity)를 추가합니다. MainActivity
가 있는 폴더 위에 마우스를 올리고 마우스 오른쪽 클릭을 합니다. 그럼 다음과 같은 메뉴 화면
이 나오는데 [New] → [Activity] → [Empty Activity]를 선택합니다.

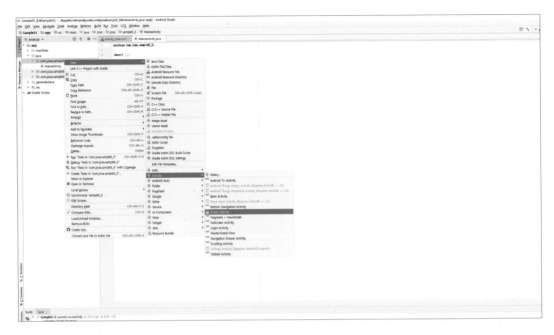

다음과 같은 화면이 나옵니다. 코딩을 할 수 있는 화면 액티비티(Activity)와 화면이 보여지는 레
이아웃의 xml 페이지 2개를 추가합니다. 액티비티 이름을 OneActivity라고 적고 레이아웃 화
면 이름을 activity_one으로 적은 후 [Finish] 버튼을 누릅니다. java 폴더의 MainActivity는
res/layout 폴더의 activity_main과 연결이 되어있습니다. 추가되는 페이지도 쌍으로 연결되어
있는 구조입니다.

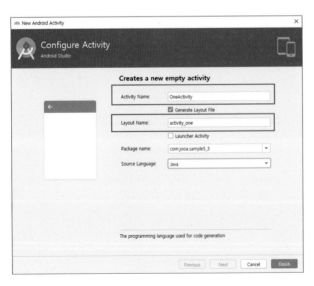

다음 그림과 같이 액티비티(Activity)와 화면 레이아웃 xml 파일이 추가된 것을 볼 수 있습니다.

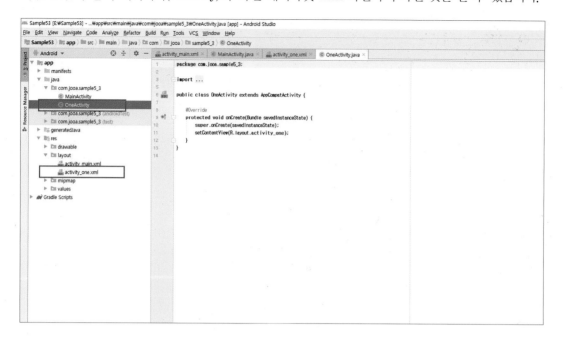

동일한 방법으로 두 번째 화면도 만들어줍니다.

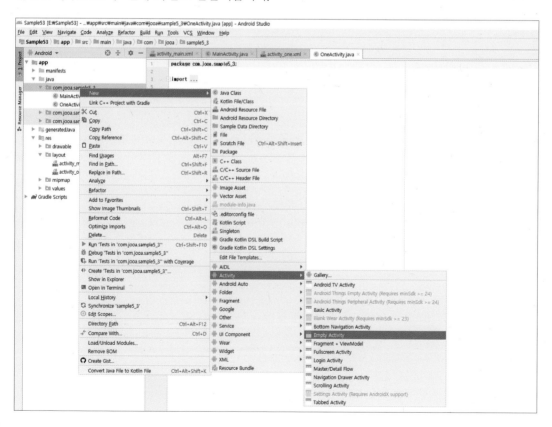

두번째 액티비티(Activity)를 추가합니다.

메인 페이지 외에 2개의 화면 구성이 완료되었습니다.

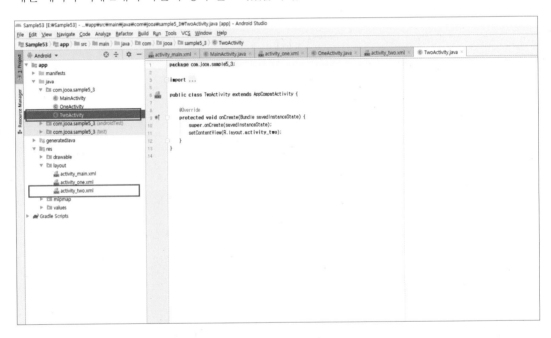

MainActivity와 연결되어 있는 activity_main 탭을 클릭하여 Hello World라는 기본 텍스트를 마우스로 클릭 후 **Delete** 를 눌러 삭제합니다.

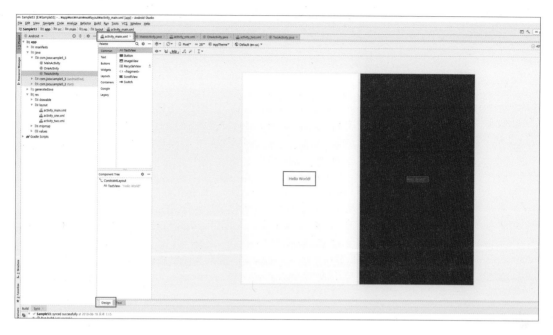

그리고 메인 액티비티 화면에 2개의 페이지로 이동할 수 있는 버튼 2개를 팔레트에서 가지고 와서 액티비티에 추가합니다.

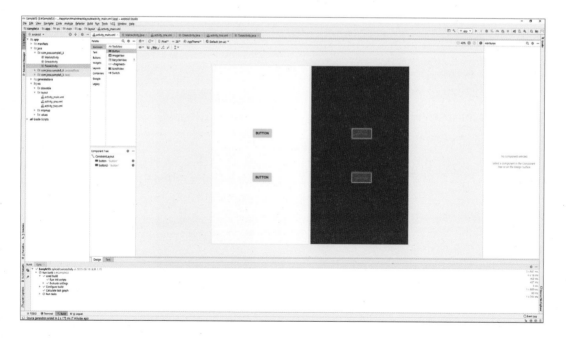

버튼을 클릭 후 id에 button으로 입력하고(기본값이 입력되어 있음) text에는 one이라고 입력합니다. 키보드 버튼에 나타나는 텍스트입니다. 그리고 버튼을 마우스로 상하좌우 포인트에서 마우스로 드래그하여 연결해 줍니다.

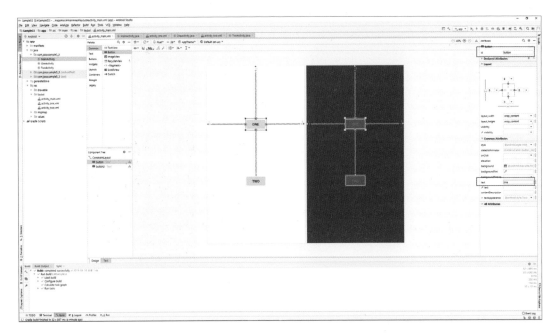

다음 버튼도 동일하게 입력 후 버튼을 연결해 줍니다. 연결이 완료되면 버튼을 클릭 후 원하는 위치로 이동합니다.

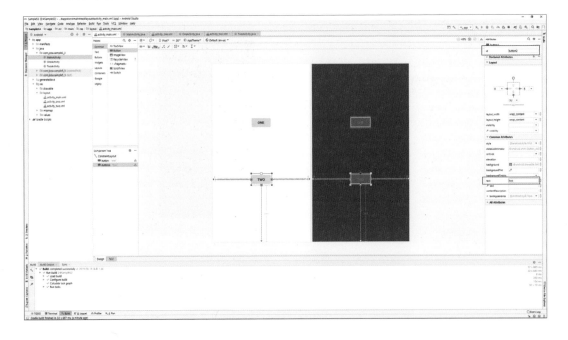

MainActivity에 각 페이지로 이동하는 버튼의 기능 코드를 추가합니다.

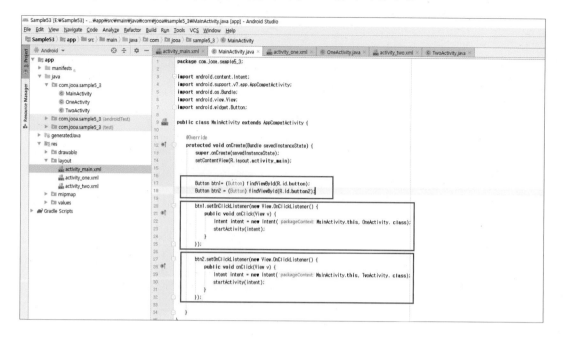

각각 버튼을 다음과 같이 수정합니다.

```
Button btn1= (Button) findViewById(R.id.button);
Button btn2 = (Button) findViewById(R.id.button2);
```

그리고 버튼을 클릭하였을 때 화면이 이동할 수 있는 코딩을 다음과 같이 입력합니다.

```
btn1.setOnClickListener(new View.OnClickListener() {
    public void onClick(View v) {
        Intent intent = new Intent(MainActivity.this, OneActivity. class);
        startActivity(intent);
    }
});

btn2.setOnClickListener(new View.OnClickListener() {
    public void onClick(View v) {
        Intent intent = new Intent(MainActivity.this, TwoActivity. class);
        startActivity(intent);
    }
});
```

•각각 연결되는 페이지 추가하기

첫 번째 화면을 구성합니다. 중간에 있는 파렛트에서 버튼을 드래그하여 우측 위에 배치합니다. 버튼 위에 마우스 더블 클릭을 하면 TEXT를 수정할 수 있습니다. 페이지를 구분하기 위해 'one'이라고 입력합니다. 버튼을 누르면 초기 메인 페이지로 이동하게 할 것입니다.

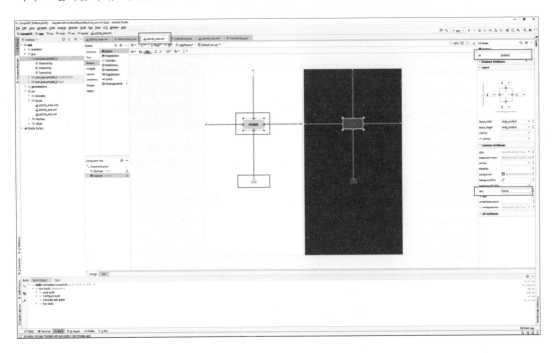

OneActivity.java 탭을 클릭 후 HOME 버튼을 누르면 홈으로 갈 수 있는 코딩을 입력합니다.

```
Button button=(Button) findViewById(R.id.button3);
button.setOnClickListener(new View.OnClickListener() {
    @Override
    public void onClick(View v) {
        finish();
    }
});
```

두 번째 화면을 구성합니다. 파렛트에서 버튼을 드래그하여 우측 위에 배치합니다. 버튼 위에 마우스 더블 클릭을 하면 TEXT를 수정할 수 있습니다. 페이지를 구분하기 위해 'two'라고 입력합니다. 버튼을 누르면 초기 메인 페이지로 이동하게 할 것입니다.

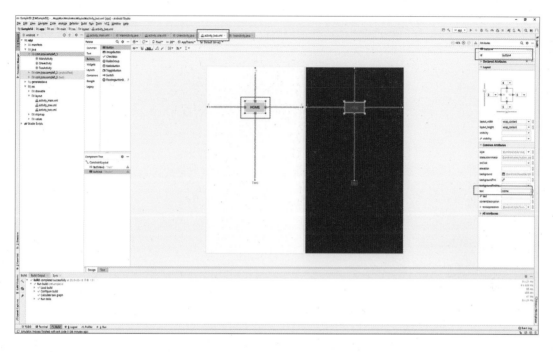

TwoActivity.java 탭을 클릭 후 HOME 버튼을 누르면 홈으로 갈 수 있는 코딩을 입력합니다.

```
Button button=(Button) findViewById(R.id.button4);
button.setOnClickListener(new View.OnClickListener() {
    @Override
    public void onClick(View v) {
        finish();
    }
});
```

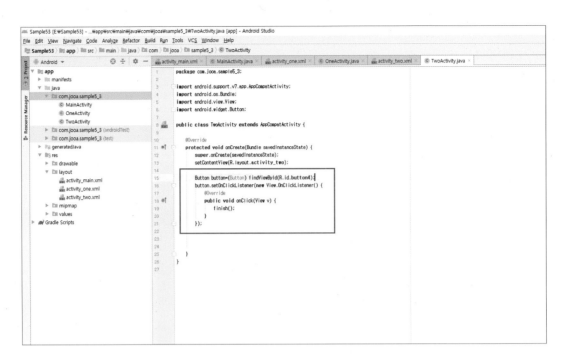

코딩을 추가 하였으면 초록색 실행 버튼(▶)을 누릅니다. 그럼 안드로이드 가상 스마트폰 에뮬레이터 AVD가 뜨면서 실행됩니다. ONE 버튼을 클릭합니다.

첫번째 화면으로 이동하는 것을 볼 수 있습니다.

두번째 버튼을 클릭합니다.

두번째 화면으로 이동하는 것을 볼 수 있습니다.

MainActivity

```
package com.jooa.sample5_3;

import android.content.Intent;
import android.support.v7.app.AppCompatActivity;
import android.os.Bundle;
import android.view.View;
import android.widget.Button;

public class MainActivity extends AppCompatActivity {

    @Override
    protected void onCreate(Bundle savedInstanceState) {
        super.onCreate(savedInstanceState);
        setContentView(R.layout.activity_main);



        Button btn1= (Button) findViewById(R.id.button);
        Button btn2 = (Button) findViewById(R.id.button2);

        btn1.setOnClickListener(new View.OnClickListener() {
            public void onClick(View v) {
                Intent intent = new Intent(MainActivity.this, OneActivity.
                class);
                startActivity(intent);
```

```
            }
        });


        btn2.setOnClickListener(new View.OnClickListener() {
            public void onClick(View v) {
                Intent intent = new Intent(MainActivity.this, TwoActivity.
                class);
                 startActivity(intent);
            }
        });


    }
}
```

 JAVA CODE • 코드를 이해하려면 자바에서 다음 용어를 확인하세요

Button button = (Button) findViewById(R.id.button); : 형변환
void : 함수의 리턴타입, 자바의 리턴(return) 값이 없음.

OneActivity

```
package app.junny_seo.com.sample5_3;

import android.support.v7.app.AppCompatActivity;
import android.os.Bundle;
import android.view.View;
import android.widget.Button;

public class OneActivity extends AppCompatActivity {
    @Override
    protected void onCreate(Bundle savedInstanceState) {
        super.onCreate(savedInstanceState);
        setContentView(R.layout.activity_one);
        Button button = (Button) findViewById(R.id.button);
        button.setOnClickListener(new View.OnClickListener()
        {
            public void onClick(View v)
            {
                finish();
            }
        });
    }
}
```

TwoActivity

```
package app.junny_seo.com.sample5_3;

import android.content.Intent;
import android.support.v7.app.AppCompatActivity;
import android.os.Bundle;
import android.view.View;
import android.widget.Button;

public class TwoActivity extends AppCompatActivity {
    @Override
    protected void onCreate(Bundle savedInstanceState) {
        super.onCreate(savedInstanceState);
        setContentView(R.layout.activity_two);
        Button button = (Button) findViewById(R.id.button);
        button.setOnClickListener(new View.OnClickListener()
        {
            public void onClick(View v)
            {
                finish();
            }
        });
    }
}
```

activity_main. xml

```
<?xml version="1.0" encoding="utf-8"?>
<android.support.constraint.ConstraintLayout  xmlns:android="http://schemas.
android.com/apk/res/android"
    xmlns:app="http://schemas.android.com/apk/res-auto"
    xmlns:tools="http://schemas.android.com/tools"
    android:layout_width="match_parent"
    android:layout_height="match_parent"
    tools:context=".MainActivity">

    <Button
        android:id="@+id/button"
        android:layout_width="wrap_content"
        android:layout_height="wrap_content"
        android:layout_marginStart="8dp"
        android:layout_marginTop="8dp"
        android:layout_marginEnd="8dp"
        android:layout_marginBottom="8dp"
```

```
        android:text="one"
        app:layout _ constraintBottom _ toTopOf="@+id/button2"
        app:layout _ constraintEnd _ toEndOf="parent"
        app:layout _ constraintHorizontal _ bias="0.498"
        app:layout _ constraintStart _ toStartOf="parent"
        app:layout _ constraintTop _ toTopOf="parent"
        app:layout _ constraintVertical _ bias="0.54" />


    <Button
        android:id="@+id/button2"
        android:layout _ width="wrap _ content"
        android:layout _ height="wrap _ content"
        android:layout _ marginStart="8dp"
        android:layout _ marginEnd="8dp"
        android:layout _ marginBottom="232dp"
        android:text="two"
        app:layout _ constraintBottom _ toBottomOf="parent"
        app:layout _ constraintEnd _ toEndOf="parent"
        app:layout _ constraintHorizontal _ bias="0.498"
        app:layout _ constraintStart _ toStartOf="parent" />
</android.support.constraint.ConstraintLayout>
```

activity_one. xml

```
<?xml version="1.0" encoding="utf-8"?>
<android.support.constraint.ConstraintLayout  xmlns:android="http://schemas.
android.com/apk/res/android"
    xmlns:app="http://schemas.android.com/apk/res-auto"
    xmlns:tools="http://schemas.android.com/tools"
    android:layout _ width="match _ parent"
    android:layout _ height="match _ parent"
    tools:context=".OneActivity">

    <TextView
        android:id="@+id/textView"
        android:layout _ width="wrap _ content"
        android:layout _ height="wrap _ content"
        android:layout _ marginStart="8dp"
        android:layout _ marginEnd="8dp"
        android:layout _ marginBottom="280dp"
        android:text="ONE"
        app:layout _ constraintBottom _ toBottomOf="parent"
        app:layout _ constraintEnd _ toEndOf="parent"
        app:layout _ constraintStart _ toStartOf="parent" />
```

```
    <Button
        android:id="@+id/button3"
        android:layout _ width="wrap _ content"
        android:layout _ height="wrap _ content"
        android:layout _ marginStart="8dp"
        android:layout _ marginTop="8dp"
        android:layout _ marginEnd="8dp"
        android:layout _ marginBottom="8dp"
        android:text="Home"
        app:layout _ constraintBottom _ toTopOf="@+id/textView"
        app:layout _ constraintEnd _ toEndOf="parent"
        app:layout _ constraintStart _ toStartOf="parent"
        app:layout _ constraintTop _ toTopOf="parent" />
</android.support.constraint.ConstraintLayout>
```

activity_two. xml

```
<?xml version="1.0" encoding="utf-8"?>
<android.support.constraint.ConstraintLayout xmlns:android="http://schemas.
android.com/apk/res/android"
    xmlns:app="http://schemas.android.com/apk/res-auto"
    xmlns:tools="http://schemas.android.com/tools"
    android:layout _ width="match _ parent"
    android:layout _ height="match _ parent"
    tools:context=".TwoActivity">

    <TextView
        android:id="@+id/textView2"
        android:layout _ width="wrap _ content"
        android:layout _ height="wrap _ content"
        android:layout _ marginStart="8dp"
        android:layout _ marginEnd="8dp"
        android:layout _ marginBottom="268dp"
        android:text="Two"
        app:layout _ constraintBottom _ toBottomOf="parent"
        app:layout _ constraintEnd _ toEndOf="parent"
        app:layout _ constraintStart _ toStartOf="parent" />

    <Button
        android:id="@+id/button4"
        android:layout _ width="wrap _ content"
        android:layout _ height="wrap _ content"
        android:layout _ marginStart="8dp"
        android:layout _ marginTop="8dp"
```

```
        android:layout_marginEnd="8dp"
        android:layout_marginBottom="8dp"
        android:text="Home"
        app:layout_constraintBottom_toTopOf="@+id/textView2"
        app:layout_constraintEnd_toEndOf="parent"
        app:layout_constraintHorizontal_bias="0.498"
        app:layout_constraintStart_toStartOf="parent"
        app:layout_constraintTop_toTopOf="parent"
        app:layout_constraintVertical_bias="0.423" />
</android.support.constraint.ConstraintLayout>
```

1. 안드로이드 화면 구성 추가시 액티비티(Activity)와 레이어(xml)가 각각 한 쌍씩 추가됩니다.
2. 액티비티(Activity)는 직접 코드가 구성되는 파일이며 레이어(확장자 XML 파일)는 화면이 직접 구성되는 부분입니다.

간단한 브라우저 만들기

예제파일 CD\SAMPLE\chapter5-4

웹을 보여주는 웹뷰(WebView)를 이용하여 간단한 브라우저를 만들어 보겠습니다. 앞에서 배운 사이트 이동은 스마트폰 자체에 내장된 브라우저를 이용하여 보여주는 방식이었습니다. 이번에 학습할 것은 앱 안에 직접 브라우저가 내장되어 있는 구조로 처음에 설정된 초기 페이지가 열리고 앞(GO), 뒤(BACK), 새로고침(RELOAD) 기능을 할 수 있는 간단한 브라우저입니다.

안드로이드 프로젝트 만들기를 시작합니다.

앱 이름을 적고 [Next] 버튼을 눌러줍니다.

빈 템플릿 [Empty Activity]를 선택한 후 [Next] 버튼을 눌러줍니다.

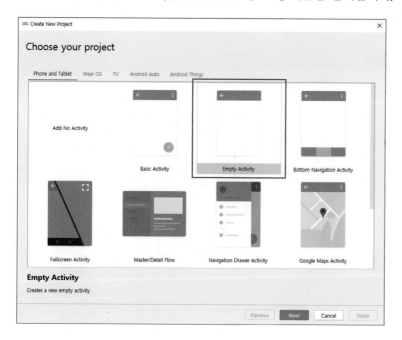

기본 안드로이드 앱 구성이 완료되었습니다.

activity_main.xml 안에 기본적으로 들어있는 'Hello World' 글씨를 마우스로 클릭한 후 키보드의 **Delete** 키를 눌러 삭제합니다.

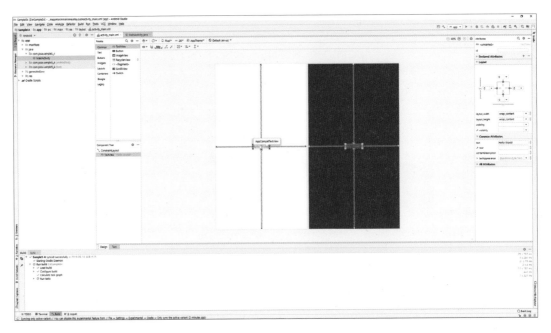

우선 상단에 브라우저를 컨트롤 할 수 있는 버튼을 추가하겠습니다. 버튼을 추가하고 뒤로가기 (BACK) 버튼 이름을 우측 text에 입력합니다. 버튼 id는 기본값으로 button으로 입력이 되었습니다. 그리고 버튼의 4개 포인트를 이용하여 그림과 같이 각각 선을 연결합니다.

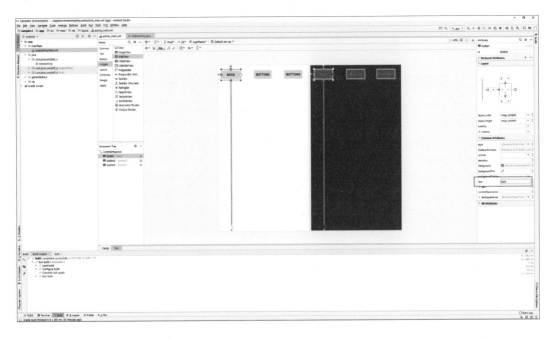

새로고침(RELOAD) 버튼을 추가하고 우측 text에 새로고침(RELOAD) 텍스트를 입력합니다.

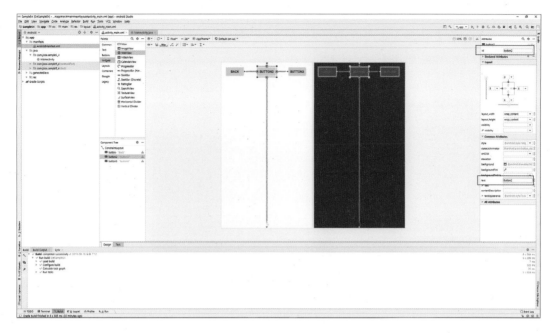

마지막으로 앞으로(GO)를 text 란에 입력하고 버튼을 그림과 같이 배치합니다.

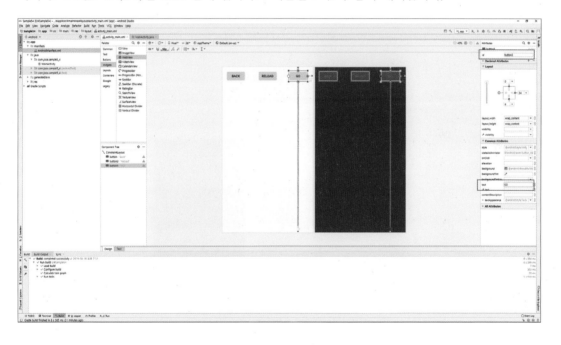

그리고 왼쪽 파렛트(Palette)에서 WebView라는 것을 마우스로 끌고와서 화면에 올려놓습니다. 웹뷰(WebView)는 스마트폰 안에 기본적으로 설치되어 있는 인터넷(브라우저)와 같은 것입니다. 웹뷰의 우측 상단을 마우스로 클릭한 후 사이즈를 조정하겠습니다. 버튼의 위치 설정방법과 동일하게 선으로 상하좌우 위치를 설정하기 위해서입니다.

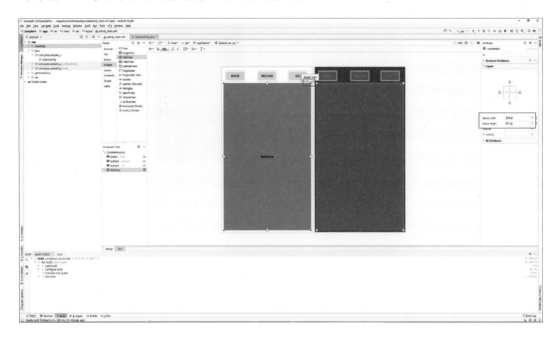

웹뷰 사이즈를 적당하게 줄여서 중앙에 배치합니다.

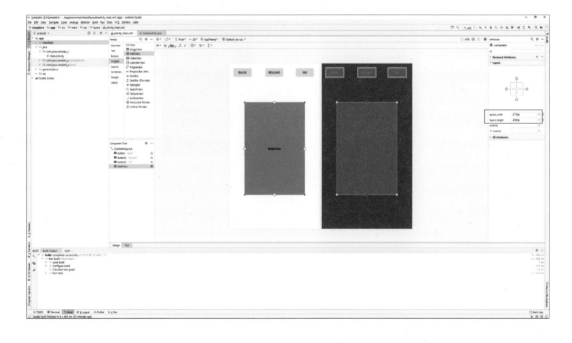

그림과 같이 웹뷰의 상하좌우 포인트로 연결합니다.

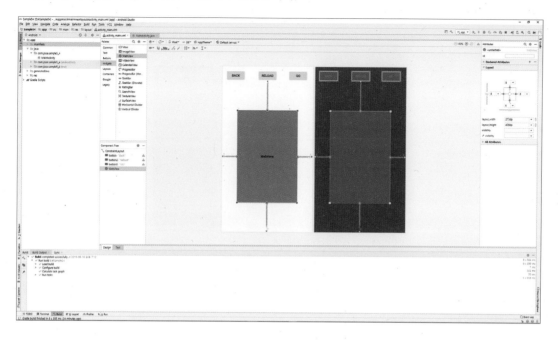

선 연결이 끝나면 우측 layout_width 와 layout_height의 우측 ▼를 눌러 match_constraint
로 선택해 줍니다. match_constraint는 충분한 너비까지 확장이 되는 것이고, wrap_content
는 내부에 텍스트가 있는 곳까지 최소한의 줄임으로 선택을 하나하나 해 보시면 확인이 가능합니
다.

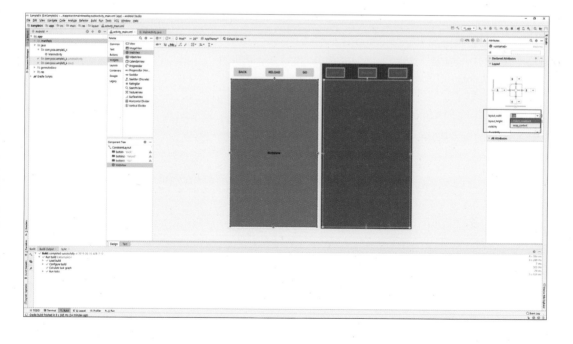

웹뷰(WebView)의 id는 web1로 입력합니다.

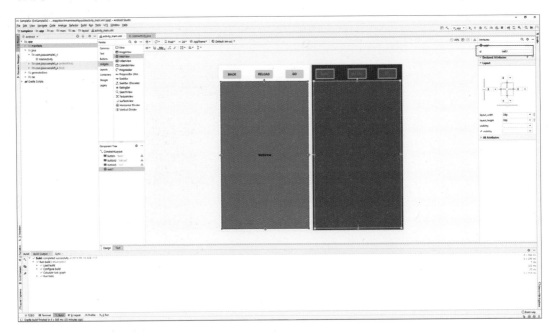

이제 코딩을 진행하겠습니다. 웹뷰가 실행되면 처음으로 이동하는 웹페이지에 대한 주소(URL)도
입력합니다. MainActivity.java에 아래 코드를 추가합니다.

```java
WebView web;

@Override
protected void onCreate(Bundle savedInstanceState) {
    super.onCreate(savedInstanceState);
    setContentView(R.layout.activity_main);

    web = (WebView) this.findViewById(R.id.web1);
    web.setWebViewClient(new WebViewClient());
    web.loadUrl("http://m.daum.net");
}
```

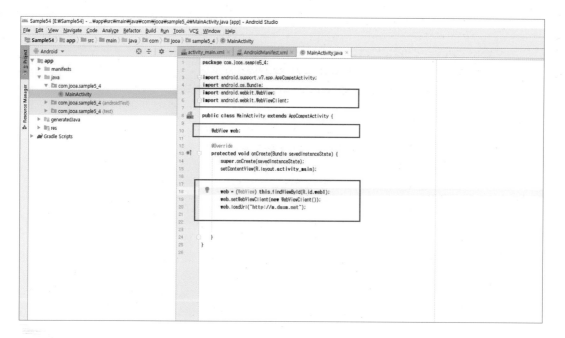

여기까지 진행하고 초록색 실행 버튼(▶)을 눌러 실행 해 보겠습니다. 그런데 그림과 같이 웹뷰가 실행되지 않는 것을 확인 할 수 있습니다. 퍼미션(Permission)이라는 것을 설정해야 합니다. 퍼 미션(Permission)은 안드로이드가 인터넷을 사용하거나 전화를 걸거나 하는 등의 기능 추가라고 이해하시면 됩니다. 그 인터넷 사용 기능을 추가해보겠습니다.

그림과 같이 AndroidManifest.xml 파일을 마우스로 클릭 후 그림과 같은 위치에 〈use 만 입력 하면 〈uses-permission android:name= 까지 자동으로 입력할 수 있습니다. 그리고 그 다음에 Ctrl + Space Bar 를 누르면 그림과 같이 다양한 안드로이드 기능들이 나타납니다.

android.permission.INTERNET을 선택합니다.

그림과 같이 코딩 추가가 완료되었습니다.

```
<uses-permission android:name="android.permission.INTERNET"/>
```

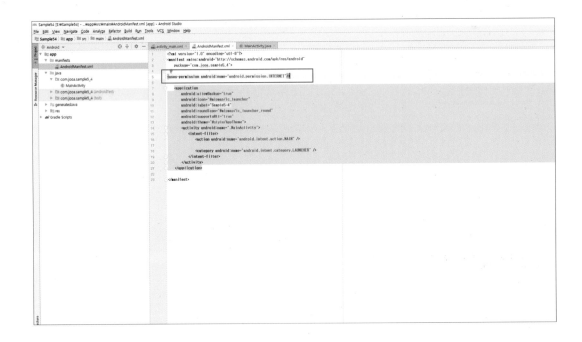

추가 시 그림과 같이 나오는 경우는 첫번째를 선택해 주시기 바랍니다.

```java
Button btn1 = (Button) findViewById(R.id.button);
Button btn2 = (Button) findViewById(R.id.button2);
Button btn3 = (Button) findViewById(R.id.button3);

btn1.setOnClickListener(new View.OnClickListener()            {
    public void onClick(View v) {
        web.goBack(); }
});

btn2.setOnClickListener(new View.OnClickListener()            {
    public void onClick(View v) {
        web.reload(); }
});

btn3.setOnClickListener(new View.OnClickListener()            {
    public void onClick(View v) {
        web.goForward(); }
});
```

이번에는 웹뷰를 컨트롤 할 수 있는 버튼에 대한 코딩을 추가합니다.

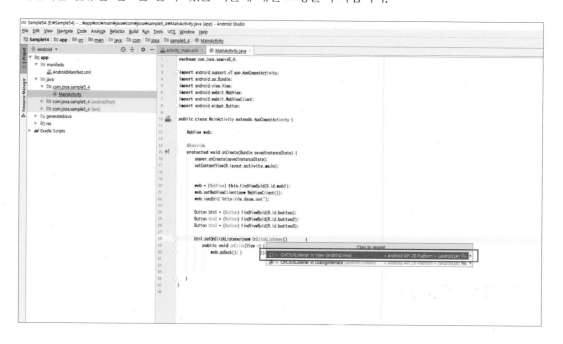

버튼에 대한 코딩이 완료되었습니다.

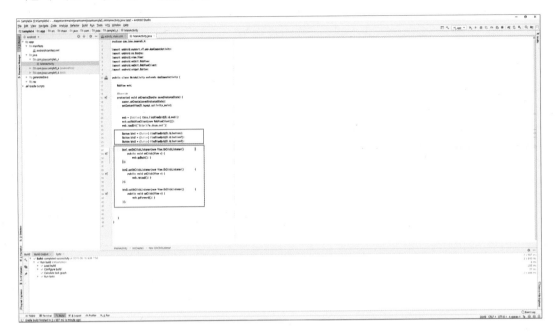

초록색 실행 버튼(▶)을 눌러 실행해 보겠습니다. 그림과 같이 웹뷰가 잘 동작하면 버튼을 눌러 브라우저의 컨트롤 기능이 동작하는 것을 확인할 수 있습니다.

간단한 브라우저가 완성된 것을 확인할 수 있습니다

소스는 다음과 같습니다.

AndroidManifest.xml

```xml
<?xml version="1.0" encoding="utf-8"?>
<manifest xmlns:android="http://schemas.android.com/apk/res/android"
    package="com.jooa.sample5 _ 4">

<uses-permission android:name="android.permission.INTERNET"/>

    <application
        android:allowBackup="true"
        android:icon="@mipmap/ic _ launcher"
        android:label="@string/app _ name"
        android:roundIcon="@mipmap/ic _ launcher _ round"
        android:supportsRtl="true"
        android:theme="@style/AppTheme">
        <activity android:name=".MainActivity">
            <intent-filter>
                <action android:name="android.intent.action.MAIN" />

                <category android:name="android.intent.category.LAUNCHER" />
            </intent-filter>
        </activity>
    </application>

</manifest>
```

MainActivity.java

```java
package com.jooa.sample5 _ 4;

import android.support.v7.app.AppCompatActivity;
import android.os.Bundle;
import android.view.View;
import android.webkit.WebView;
import android.webkit.WebViewClient;
import android.widget.Button;

public class MainActivity extends AppCompatActivity {

    WebView web;

    @Override
    protected void onCreate(Bundle savedInstanceState) {
        super.onCreate(savedInstanceState);
```

```
        setContentView(R.layout.activity _ main);


        web = (WebView) this.findViewById(R.id.web1);
        web.setWebViewClient(new WebViewClient());
        web.loadUrl("https://m.daum.net");

        Button btn1 = (Button) findViewById(R.id.button);
        Button btn2 = (Button) findViewById(R.id.button2);
        Button btn3 = (Button) findViewById(R.id.button3);

        btn1.setOnClickListener(new View.OnClickListener()          {
            public void onClick(View v) {
                web.goBack(); }
        });

        btn2.setOnClickListener(new View.OnClickListener()          {
            public void onClick(View v) {
                web.reload(); }
        });

        btn3.setOnClickListener(new View.OnClickListener()          {
            public void onClick(View v) {
                web.goForward(); }
        });



    }
  }
```

JAVA CODE • 코드를 이해하려면 자바에서 다음 용어를 확인하세요

web.goBack(); : 함수 호출

activity_main. xml

```xml
<?xml version="1.0" encoding="utf-8"?>
<android.support.constraint.ConstraintLayout xmlns:android="http://schemas.
android.com/apk/res/android"
    xmlns:app="http://schemas.android.com/apk/res-auto"
    xmlns:tools="http://schemas.android.com/tools"
    android:layout_width="match_parent"
    android:layout_height="match_parent"
    tools:context=".MainActivity">

    <Button
        android:id="@+id/button"
        android:layout_width="wrap_content"
        android:layout_height="wrap_content"
        android:layout_marginStart="16dp"
        android:layout_marginBottom="8dp"
        android:text="Back"
        app:layout_constraintBottom_toBottomOf="parent"
        app:layout_constraintStart_toStartOf="parent"
        app:layout_constraintTop_toTopOf="parent"
        app:layout_constraintVertical_bias="0.023" />

    <Button
        android:id="@+id/button2"
        android:layout_width="wrap_content"
        android:layout_height="wrap_content"
        android:layout_marginStart="8dp"
        android:layout_marginEnd="8dp"
        android:layout_marginBottom="8dp"
        android:text="Reload"
        app:layout_constraintBottom_toBottomOf="parent"
        app:layout_constraintEnd_toStartOf="@+id/button3"
        app:layout_constraintHorizontal_bias="0.532"
        app:layout_constraintStart_toEndOf="@+id/button"
        app:layout_constraintTop_toTopOf="parent"
        app:layout_constraintVertical_bias="0.023" />

    <Button
        android:id="@+id/button3"
        android:layout_width="wrap_content"
        android:layout_height="wrap_content"
        android:layout_marginEnd="24dp"
        android:layout_marginBottom="8dp"
        android:text="GO"
```

```
        app:layout _ constraintBottom _ toBottomOf="parent"
        app:layout _ constraintEnd _ toEndOf="parent"
        app:layout _ constraintTop _ toTopOf="parent"
        app:layout _ constraintVertical _ bias="0.023" />

    <WebView
        android:id="@+id/web1"
        android:layout _ width="0dp"
        android:layout _ height="0dp"
        android:layout _ marginStart="8dp"
        android:layout _ marginTop="8dp"
        android:layout _ marginEnd="8dp"
        android:layout _ marginBottom="8dp"
        app:layout _ constraintBottom _ toBottomOf="parent"
        app:layout _ constraintEnd _ toEndOf="parent"
        app:layout _ constraintStart _ toStartOf="parent"
        app:layout _ constraintTop _ toBottomOf="@+id/button2" />

</android.support.constraint.ConstraintLayout>
```

사운드 재생

예제파일 CD₩SAMPLE₩chapter5-5

이번 장에서는 안드로이드 기능 중 멀티미디어에 대해 학습하도록 하겠습니다. 안드로이드에서 음원을 실행하는 방식에는 SoundPool과 MediaPlayer 방식이 있는데, SoundPool은 1분 미만의 짧은 재생을 지원하며 간단한 효과음이나 게임 효과음 등으로 많이 사용되고 그 이상의 길이에는 MediaPlayer를 사용합니다. 음원 형식은 mp3, wav, ogg가 가능하며 특별한 경우가 아니라면 가급적 wav로 사용하는 것이 좋습니다. SoundPool과 MediaPlayer는 미디어 재생을 할 수 있게 지원하는 클래스(Class)입니다. 클래스(Class)라고 하는 것은 프로그램에서 특정 기능을 수행하게 할 수 있는 그룹 형태의 프로그램이라고 생각하면 됩니다. 프로그램을 개발하는데 개발자가 처음부터 하나하나 다 개발하지 않아도 필수적인 기능 등은 미리 구현이 되어 있어 불러서 사용하면 됩니다.

그럼, 사운드 재생을 해보겠습니다. 예제 사운드를 첨부하고 버튼을 누르면 사운드가 플레이(Play)되는 앱을 구현해 보도록 하겠습니다. 미리 재생할 수 있는 음원 파일을 준비하기 바랍니다. 소스 파일과 같이 제공되는 사운드 음원을 사용하셔도 됩니다.

안드로이드 스튜디오를 실행합니다. 새 프로젝트 만들기를 클릭합니다.

빈 템플릿을 선택하고 [Next] 버튼을 눌러줍니다.

앱 이름을 적어줍니다. [Finish] 버튼을 눌러줍니다.

기본 프로젝트가 완성되었습니다.

안드로이드 앱 만들기 2nd Edition / 하루 만에 배우는

먼저 준비한 음원을 추가할 수 있는 폴더를 만들어야 합니다. res 폴더 위에 마우스를 올려놓고 마우스 오른쪽 클릭을 합니다. [New] → [Android resource directory]를 선택합니다.

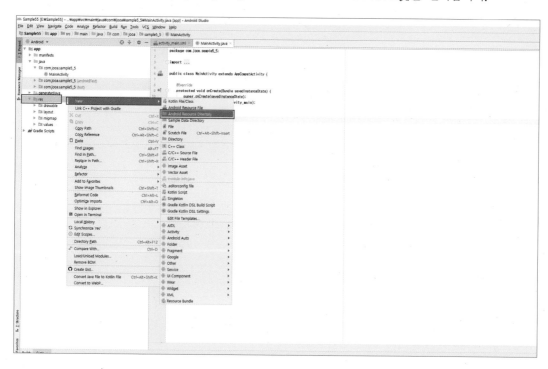

디렉토리 네임(Directory name)에 'raw'라고 입력합니다. 그리고 [OK] 버튼을 눌러줍니다.

폴더가 만들어졌으면 원하는 음원 파일을 선택 후 Ctrl + C 를 눌러 복사하고, raw 폴더를 선택한 후 Ctrl + V 를 눌러 붙여넣기 합니다.

그럼 다음과 같은 화면이 나타납니다. [OK] 버튼을 눌러줍니다. 붙여넣기가 완료되었습니다.

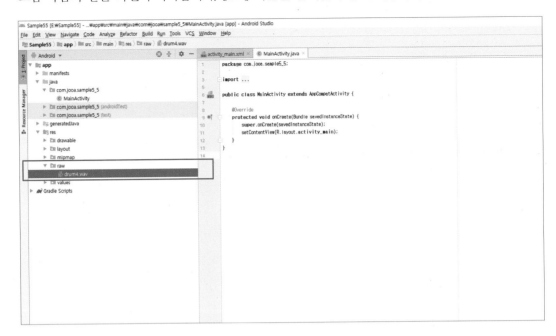

레이아웃 폴더의 activity_main.xml 파일을 선택한 후 버튼을 추가합니다. 이 버튼을 누르면
사운드가 출력되도록 합니다.

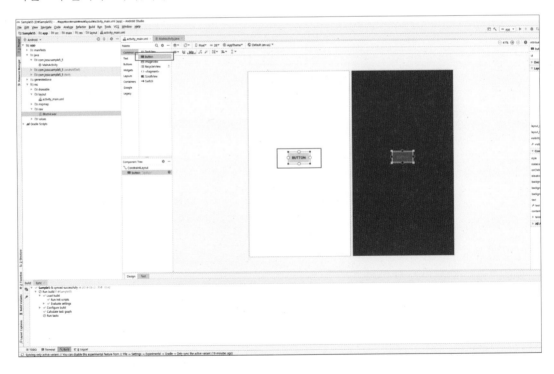

버튼의 상하좌우를 선으로 연결하여 중심을 잡습니다. 버튼 id는 자동으로 button으로 입력된
것을 볼 수 있습니다.

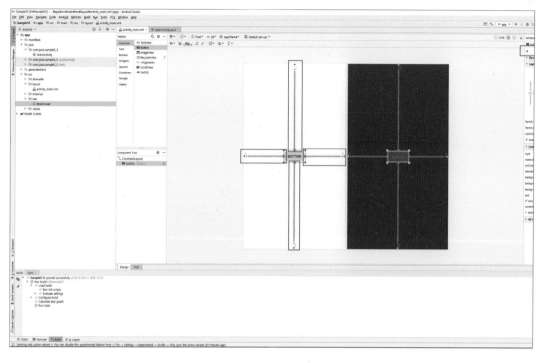

코드를 추가합니다.

```
btn.setOnClickListener(new View.OnClickListener() {
```

코드 작성시 Class to Import 선택 창이 나오면 첫번째 OnClickListener in View를 선택합니다.

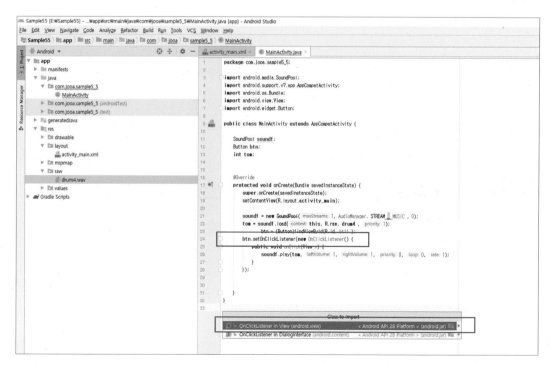

버튼을 눌렀을 때 사운드를 출력하는 코드를 추가합니다. 코드는 다음과 같이 입력합니다.

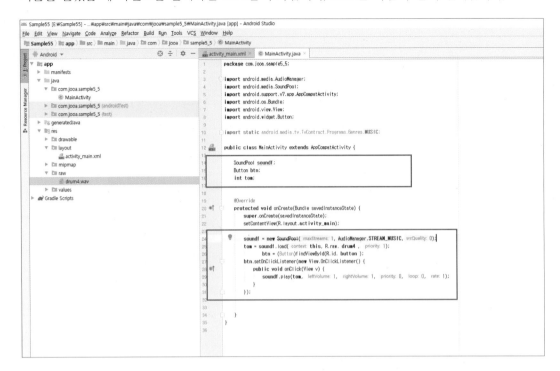

코드 추가가 완료되면 상단의 실행 버튼을 눌러 앱을 실행합니다. 버튼을 누르면 사운드가 출력되는 것을 확인할 수 있습니다.

추가된 코드는 다음과 같습니다.

activity_main.xml

```xml
<?xml version="1.0" encoding="utf-8"?>
<android.support.constraint.ConstraintLayout xmlns:android="http://schemas.
android.com/apk/res/android"
    xmlns:app="http://schemas.android.com/apk/res-auto"
    xmlns:tools="http://schemas.android.com/tools"
    android:layout_width="match_parent"
    android:layout_height="match_parent"
    tools:context=".MainActivity">

    <Button
        android:id="@+id/button"
        android:layout_width="wrap_content"
        android:layout_height="wrap_content"
        android:layout_marginStart="8dp"
        android:layout_marginTop="8dp"
        android:layout_marginEnd="8dp"
        android:layout_marginBottom="8dp"
        android:text="Button"
        app:layout_constraintBottom_toBottomOf="parent"
        app:layout_constraintEnd_toEndOf="parent"
        app:layout_constraintStart_toStartOf="parent"
        app:layout_constraintTop_toTopOf="parent" />
</android.support.constraint.ConstraintLayout>
```

MainActivity.java

```java
package com.jooa.sample5_5;

import android.media.AudioManager;
import android.media.SoundPool;
import android.support.v7.app.AppCompatActivity;
import android.os.Bundle;
import android.view.View;
import android.widget.Button;

import static android.media.tv.TvContract.Programs.Genres.MUSIC;

public class MainActivity extends AppCompatActivity {

    SoundPool soundf;
    Button btn;
    int tom;
```

```java
@Override
protected void onCreate(Bundle savedInstanceState) {
    super.onCreate(savedInstanceState);
    setContentView(R.layout.activity_main);

    soundf = new SoundPool(1, AudioManager.STREAM_MUSIC,0);
    tom = soundf.load(this, R.raw. drum4, 1); // 음원 파일명을 적습니다.
        btn = (Button)findViewById(R.id. button );
    btn.setOnClickListener(new View.OnClickListener() {
        public void onClick(View v) {
            soundf.play(tom, 1, 1, 0, 0, 1);
        }
    });


}
}
```

코드에 보면 soundf.play(tom, 1, 1, 0, 0, 1); 라고 있는 것이 보일 것입니다. 이것은 사운드 재생에 대한 옵션인데 그 기능들은 다음과 같습니다.

soundf.play(a,b,c,d,e,f); ← 6개의 구분을 a,b,c,d,e,f로 구분하였습니다.

        a: int sounded - 사운드 파일을 구분하기 위한 구분자

        b: float leftVolume - 사운드 왼쪽 볼륨(소리 크기 범위는 0과 1)

        c: float rightVolume - 사운드 우측 볼륨(소리 크기 범위는 0과 1)

        d: int priority - 사운드 우선 순위.

        e: int loop - 재생 반복 1은 1회, 2는 2회, -1은 무한 반복

        f: float rate - 재생 속도, 1은 정상 속도, -1은 느리게, 2는 빠르게

 # 나인패치 이미지

예제파일 CD₩SAMPLE₩chapter5-6

안드로이드 개발에서 가장 고민스러운 부분 중 하나는 100개 이상의 각기 다른 단말기의 화면 사이즈에 이미지를 어떻게 맞출 수 있는가 입니다. 텍스트는 화면의 사이즈 변화에 특별한 문제가 없지만 이미지는 원본 크기를 벗어나게 늘이면 깨지는 현상이 발생합니다. 이미지가 깨지게 되면 앱의 질은 저하될 수 밖에 없습니다. 그래서 안드로이드에서 사용되는 방식이 나인패치(Nine Patch) 이미지입니다. 나인패치는 이미지 사이즈 변동에도 깨지지 않게 보여주는 기능입니다.

그럼 지금부터 나인패치(Nine Patch) 이미지에 대해 알아보겠습니다. 아래 그림의 초록색은 버튼 이미지입니다. 빨간색 테두리는 캔버스(Canvas)라고 하는 것입니다. 캔버스(Canvas)는 포토샵(Photoshop) 같은 이미지 툴에서 주로 사용하는 용어인데 작업 공간이라고 생각하시면 됩니다. 작업 공간은 이미지의 실제 사이즈라고 생각하면 되고 보여지는 버튼이 아닐 수 있습니다. 초록색이 버튼이고 나머지 부분은 투명하게 처리하는 것은 캔버스(Canvas)는 직각사각형이지만 모서리가 둥근 버튼을 만들기 위해서 입니다.

검정색 점선 부분은 버튼 이미지가 좌우로 늘어날 때 늘어나도 무리가 없는 영역을 표시한 것입니다. 따라서 둥근 부분은 늘어나는 경우 모양이 깨지게 됩니다. 즉, 나인패치 이미지라고 하는 것은 늘어나도 이미지 모양에 무리가 없는 부분을 정해주는 것입니다.

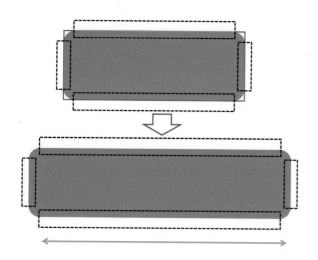

다음과 같이 이미지가 3개 있습니다. 첫 번째는 버튼 원본입니다. 저 이미지가 안드로이드 폰에 올라가면 각각 화면의 사이즈가 다르므로 분명히 깨져 보이는 폰이 있을 것입니다. 두 번째 버튼은 늘어나는 것을 방지하기 위해서 위에서 언급한 늘어나도 되는 부분(검정색 점선 영역)을 검정색 실선으로 표시해야 합니다. 검정색 실선은 가상의 영역이었고 적용하기 위해서는 실제로 검정색 실선을 이미지에 추가해야 합니다.

그러나 검정색 실선을 추가했다고 해서 완성된 것이 아니라 캔버스(Canvas) 테두리에서 1픽셀 정도 여분을 두고 검정색 실선을 직접 넣어야 합니다. 세 번째 이미지가 그렇게 추가한 것입니다. 그리고 이미지 파일명에 숫자 9를 추가하면 안드로이드는 검정색 실선 영역은 늘어나도 되는 영역으로 인식하는 것입니다.

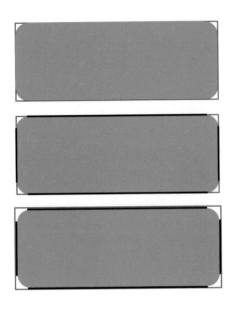

나인패치 이미지 파일이름 예시
원본 파일명 : imageapple.jpg
나인패치 파일명 : imageapple.9.jpg (검정색 실선을 추가하고 .9를 추가함)

실제로 적용 예를 들어 보겠습니다. 새로운 프로젝트를 생성합니다.

빈 프로젝트를 선택합니다.

앱 이름을 작성합니다.

신규 프로젝트가 완성되었습니다.

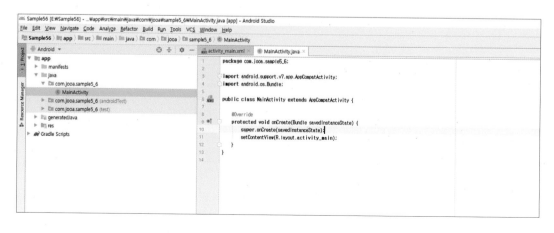

그림과 같이 res〉drawable 폴더에 버튼으로 사용 할 이미지를 마우스로 선택 후 이 폴더 내에
드래그 해서 끌어 넣습니다.

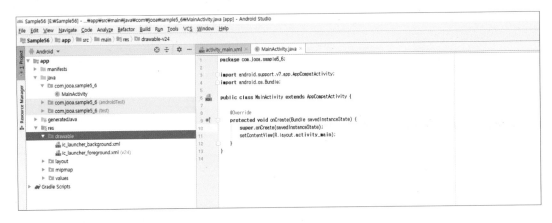

아래 그림이 나오면 [OK] 버튼을 클릭합니다.

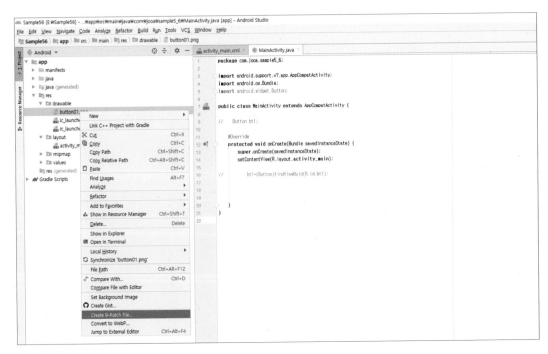

이미지 파일명이 button01.png 라는 이미지를 res〉drawable 폴더에 넣었습니다. 이미지를 마
우스로 클릭하고 마우스 우측 버튼을 클릭하면 그림과 같이 메뉴 목록이 나오는데 Create
9-Patch file… 이라는 메뉴를 선택합니다.

이미지 button01.png 위에 button01.9.png 파일이 추가된 것을 볼 수 있습니다. 그림과 같이 나인패치 이미지가 만들어졌습니다. 나인패치가 만들어 졌으면 원본이미지인 button01.png 파일은 삭제합니다.

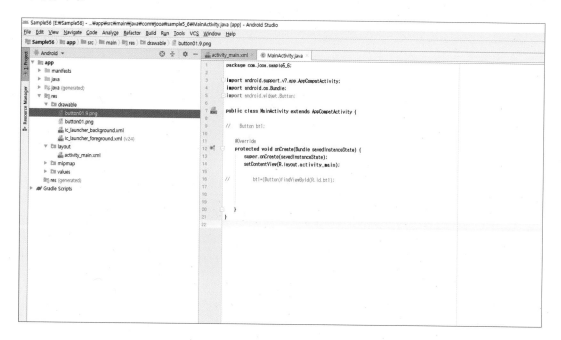

나인패치 이미지를 버튼에 적용해 보겠습니다. 버튼을 클릭하고 우측 버튼 속성의 background 의 추측 버튼을 클릭합니다.

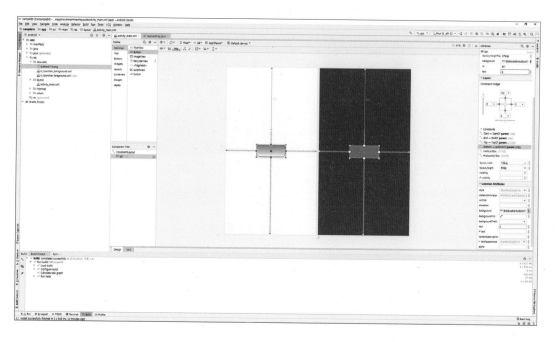

다음과 같은 화면을 볼 수 있습니다. Button01을 선택 후 [OK] 버튼을 눌러줍니다.

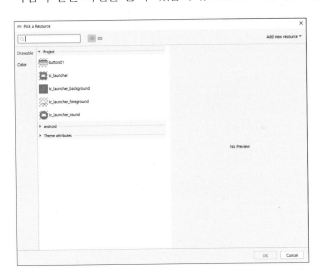

이제는 늘어나는 영역을 선택해야 합니다. 이전에 추가된 button01.9.png 이미지를 마우스로 더블 클릭하면 다음과 같은 화면이 나옵니다. 다음 화면은 나인패치 영역을 설정하는 화면으로 늘어나는 부분을 설정하기 위해서 입니다.

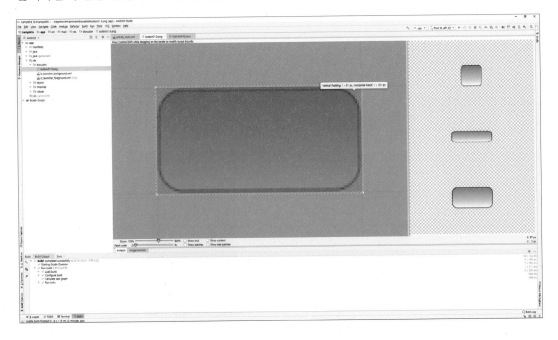

마우스로 드래그를 하면 그림과 같이 검정색 줄 영역이 나타나며 이 영역은 늘어남을 표시합니다. 그래서 이 영역은 이미지가 늘어나는 영역임을 알 수 있습니다. 나머지 버튼의 둥근 영역은 유지되면서 늘어나는 영역입니다.

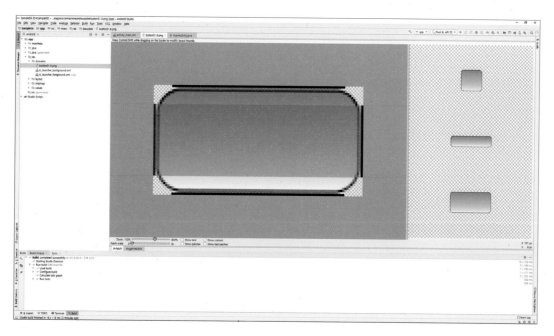

버튼에 추가된 것을 볼 수 있습니다. 마우스로 버튼의 크기를 늘려도 이미지가 깨짐없이 늘어나는 것을 볼 수 있습니다.

실행(▶)해 보겠습니다. 이미지가 늘어나도 이미지 깨짐이 없음을 알 수 있습니다.

버튼의 둥근 모서리 이미지 변화가 없음을 확인할 수 있습니다. 나인패치(Nine Patch) 이미지는 이처럼 많이 사용되는 버튼에 적용됩니다. 이 부분을 잘 학습하여 앱 개발에 적용하시기 바랍니다. 또한 이미지 저작 툴의 간단한 이미지 편집 기능을 익히시면 개발에 많은 도움이 됩니다.

경고창 만들기

예제파일 CD₩SAMPLE₩chapter5-7

앱을 이용하다 보면 여러 가지 경고창(Alert)을 볼 수 있습니다. 네트워크 사용에 대한 경고 메시지를 띄운다거나 특정 상황에 따른 알림 메시지 등 다양한 기능에서 경고창을 사용합니다. 이런 경고창 기능은 간단한 방법으로 추가할 수 있습니다.

앱에서 경고창을 띄우고 앱 종료 여부를 물어보는 경고창을 띄워보도록 하겠습니다. 프로젝트 파일을 생성합니다.

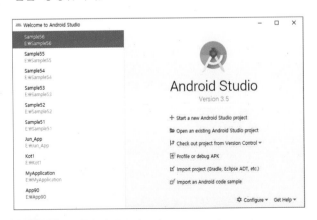

비어있는 액티비티(Empty Activity)를 선택합니다.

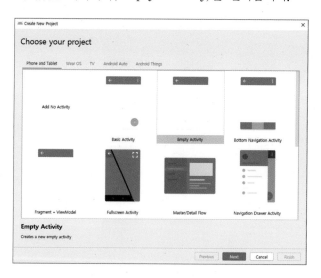

앱 이름을 적습니다. Language는 반드시 Java로 선택해야 합니다.

새로운 프로젝트가 만들어졌습니다.

다음 코드를 입력합니다. setMessage에 질문을 넣고 setPositiveButton, setNegativeButton에 "네", "아니오" 내용을 추가합니다. [네]를 선택하면 앱이 종료됩니다.

```java
AlertDialog.Builder alert_confirm = new AlertDialog. Builder(MainActivity.
this);
alert_confirm.setMessage("지금 실행되고 있는 앱을 종료하시겠습니까?")
        .setCancelable(false).setPositiveButton("네",
new DialogInterface.OnClickListener() {
        @Override
        public void onClick(DialogInterface dialog, int which) {
            finish();    //← 앱을 종료합니다.
        }  })  .setNegativeButton("아뇨",
        new DialogInterface.OnClickListener() {
            @Override
            public void onClick(DialogInterface dialog, int which) {
                return;
            }  });

AlertDialog alert = alert_confirm.create();
alert.show();
```

그림과 같이 풍선 도움말이 나타나면 키보드 **Alt** + **Enter** 를 입력합니다. 그러면 import에 관련 모듈이 추가되는 것을 볼 수 있습니다.

그림과 같이 Class to Import라는 선택 화면이 나타나면 그림과 같아 첫번째 AlertDialog를 선택합니다.

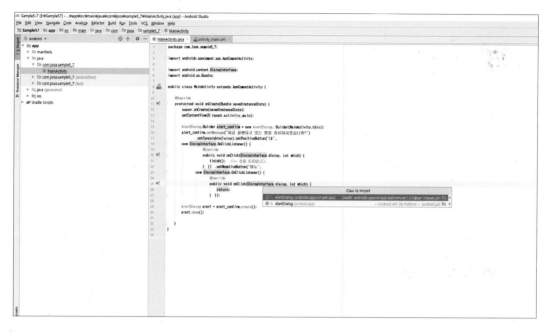

코드 입력이 완료되었습니다.

실행을 합니다. 그림과 같이 스마트폰 에뮬레이터에 팝업창(Alert)이 나타나는 것을 볼 수 있습니다.

질문에 "아뇨"를 클릭하면 팝업창은 사라지면서 앱은 유지되는 것을 볼 수 있습니다. 이 기능은 이렇게 경고창(Alert)을 사용하여 사용자에게 상황을 알릴 수 있고 여러가지 선택을 하게 할 수 있습니다. 응용 분야가 많은 기본적인 기능이므로 잘 학습하시기 바랍니다.

MainActivity.java

```java
package com.jooa.sample5_7;

import androidx.appcompat.app.AlertDialog;
import androidx.appcompat.app.AppCompatActivity;

import android.content.DialogInterface;
import android.os.Bundle;

public class MainActivity extends AppCompatActivity {

    @Override
    protected void onCreate(Bundle savedInstanceState) {
        super.onCreate(savedInstanceState);
        setContentView(R.layout.activity_main);

            AlertDialog.Builder alert_confirm = new AlertDialog.
Builder(MainActivity.this);
        alert_confirm.setMessage("지금 실행되고 있는 앱을 종료하시겠습니까?")
                .setCancelable(false).setPositiveButton("네",
    new DialogInterface.OnClickListener() {
                @Override
                public void onClick(DialogInterface dialog, int which) {
                    finish();    //← 앱을 종료합니다.
                } })  .setNegativeButton("아노",
            new DialogInterface.OnClickListener() {
                @Override
                    public void onClick(DialogInterface dialog, int
which) {

                    return;
                } });

        AlertDialog alert = alert_confirm.create();
        alert.show();

    }
}
```

 JAVA CODE • 코드를 이해하려면 자바에서 다음 용어를 확인하세요

Override : 오버라이딩, 추상클래스

앱의 인트로 화면 만들기

앱이 시작될 때 나오는 시작 화면에는 앱의 제목이나 앱에 대한 일부 내용 등이 표시됩니다. 이번 장에서는 이런 앱의 인트로 화면에 대해 알아보겠습니다. 인트로 화면을 하나 추가한 다음 일정 시간 후 본문, 즉 앱으로 이동하도록 구현하겠습니다.

안드로이드 프로젝트를 생성합니다.

Empty Activity를 선택합니다.

안드로이드 앱 이름을 적습니다. [Next] 버튼을 눌러 다음으로 진행합니다.

기본적인 안드로이드 프로젝트가 만들어졌습니다.

인트로 화면을 구성해야 합니다. java 폴더의 com.jun.sample5-8 폴더 위에 마우스를 올리고 오른쪽 클릭을 합니다. [New] → [Activity] → [Empty Activity]를 클릭합니다.

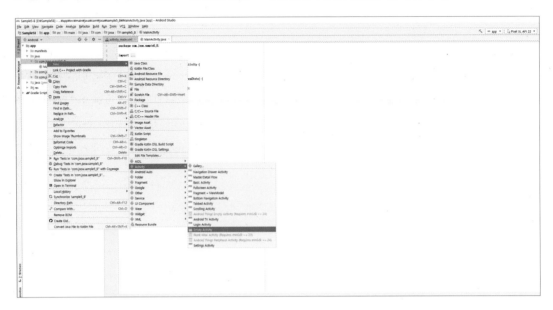

다음 화면에서 Activity Name의 이름을 적습니다. Intro라고 입력하고 [Finish] 버튼을 클릭합니다.

그림과 같이 2개의 파일이 추가된 것을 확인할 수 있습니다.

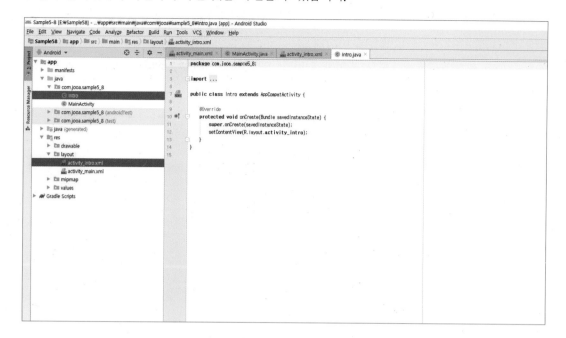

인트로 화면을 구성하기 위해 activity_intro.xml 파일을 클릭합니다.

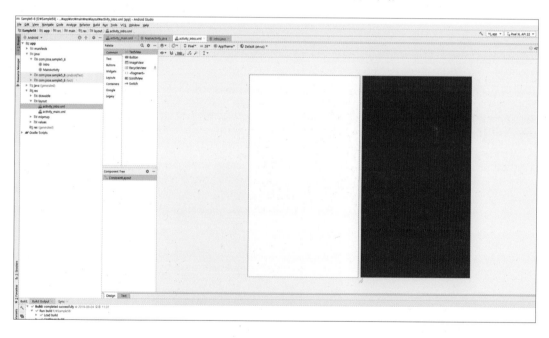

우측 화면 속성의 검색창에 back 를 클릭하고 자동으로 background라는 요소가 나타납니다. 배경색을 지정할 수 있는 속성입니다. background 입력박스 우측의 직사각형 아이콘을 누르면 색상선택을 할 수 있는 창이 뜨는데 하단의 색상 테이블에서 빨간색을 선택합니다. 학습을 위해 인트로 화면 배경색을 빨간색으로 지정하는 것입니다. 인트로 화면에 원하는 텍스트나 이미지를 추가해도 됩니다.

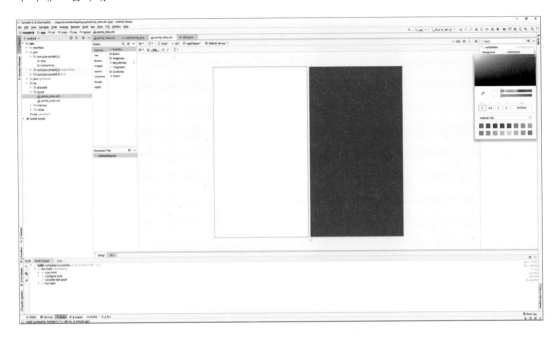

그럼 다음과 같이 인트로 화면 배경색이 빨간색으로 지정되는 것을 볼 수 있습니다.

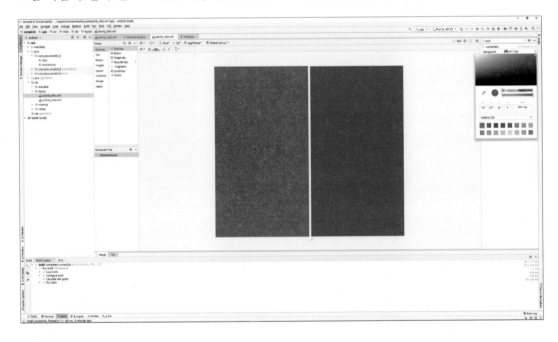

실행(▶)해 보겠습니다. 실행을 하면 처음 뜨는 화면이 빨간색 배경으로 지정한 인트로 화면이 나
타나지 않고 처음에 생성된 activity_main.xml 화면이 나타나는 것을 볼 수 있습니다.

앱을 실행하면 인트로 화면이 먼저 노출되도록 설정을 해야 합니다.
왼쪽의 manifests 폴더의 AndroidManifest.xml을 클릭하고 코딩된 부분을 보면 다음과 같이
되어 있는 부분이 있습니다. 아래와 같이 초록색 부분이 정의되어 있습니다.

```
<activity android:name=".MainActivity"></activity>
<activity android:name=".Intro"></activity>
```

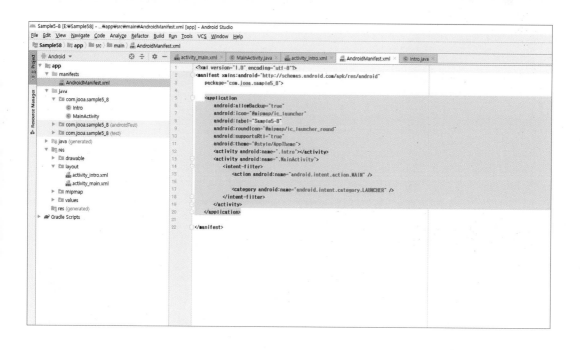

코드를 다음과 같이 수정합니다.

```
<activity android:name=". Intro "></activity>
<activity android:name=". MainActivity "></activity>
```

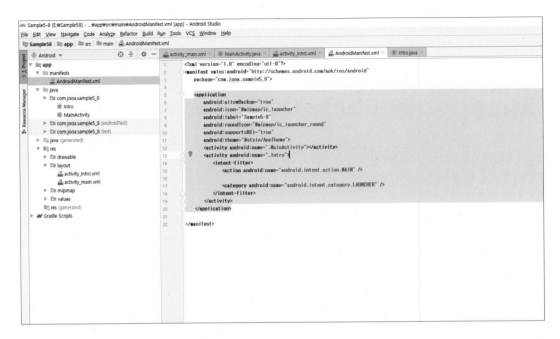

다시 실행(▶)해 보겠습니다. 그럼 인트로 화면으로 설정했던 빨간색 화면이 나타나는 것을 확인할 수 있습니다.

이번에는 인트로 화면이 뜬 후 일정시간 이후에 activity_main.xml 화면으로 이동하는 코드를 하겠습니다. 파란색 풍선 도움말로 [Alt]+[Enter]라는 메세지가 뜨면 키보드 `Alt` + `Enter` 를 눌러 줍니다.

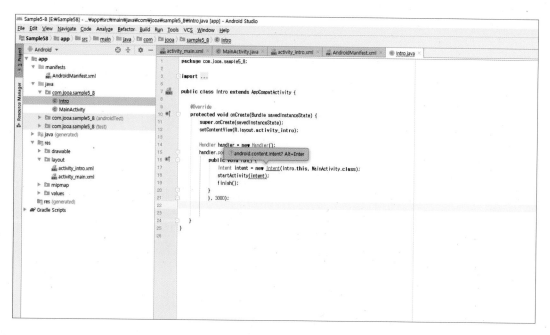

다음과 같이 선택 도움말이 나오면 첫번째를 선택합니다.

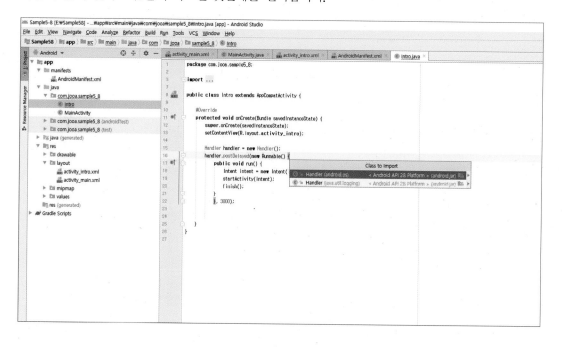

다음과 같이 코드를 추가하였습니다.

```java
Handler handler = new Handler();
handler.postDelayed(new Runnable() {
    public void run() {
        Intent intent = new Intent(Intro.this, MainActivity.class);
        startActivity(intent);
        finish();
    }
}, 3000); // 3000은 3초를 의미합니다.
```

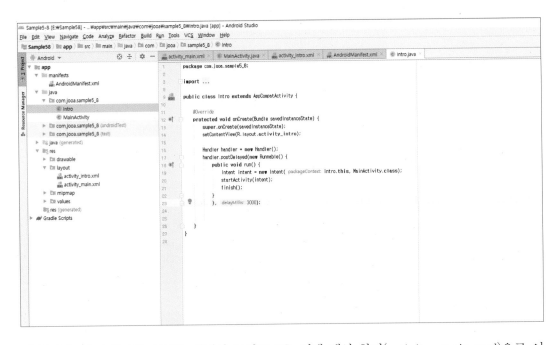

실행(▶)을 하면 빨간색 인트로 화면이 보이고 3초 뒤에 메인 화면(activity_main.xml)으로 이동하는 것을 확인할 수 있습니다.

이렇게 앱에 화면을 구성하여 인트로 화면으로 적용할 수 있습니다. 이미지나 텍스트를 통해서 앱의 제목을 표시하면 됩니다. 전체 코드는 다음과 같습니다.

Intro

```java
package com.jooa.sample5 _ 8;

import androidx.appcompat.app.AppCompatActivity;

import android.content.Intent;
import android.os.Bundle;
import android.os.Handler;

public class Intro extends AppCompatActivity {

    @Override
    protected void onCreate(Bundle savedInstanceState) {
        super.onCreate(savedInstanceState);
        setContentView(R.layout.activity _ intro);

        Handler handler = new Handler();
        handler.postDelayed(new Runnable() {
            public void run() {
                Intent intent = new Intent(Intro.this, MainActivity.class);
                startActivity(intent);
                finish();
            }
        }, 3000);


    }
}
```

 JAVA CODE • 코드를 이해하려면 자바에서 다음 용어를 확인하세요

Super : 부모클래스, 초기화

activity_intro.xml

```xml
<?xml version="1.0" encoding="utf-8"?>
<manifest xmlns:android="http://schemas.android.com/apk/res/android"
    package="com.jooa.sample5 _ 8">

    <application
        android:allowBackup="true"
        android:icon="@mipmap/ic _ launcher"
        android:label="@string/app _ name"
        android:roundIcon="@mipmap/ic _ launcher _ round"
        android:supportsRtl="true"
        android:theme="@style/AppTheme">
        <activity android:name=".MainActivity"></activity>
        <activity android:name=".Intro">
            <intent-filter>
                <action android:name="android.intent.action.MAIN" />

                <category android:name="android.intent.category.LAUNCHER" />
            </intent-filter>
        </activity>
    </application>

</manifest>
```

안드로이드 앱 만들기 2nd Edition

하루 만에 배우는

애니메이션 효과주기

예제파일 CD\SAMPLE\chapter5-9

이번 장에서는 간단한 애니메이션 효과를 주는 기능에 대해 알아 보겠습니다. 버튼을 누르면 버튼이 이동하고 크기가 변경되는 등의 애니메이션 효과를 주는 것을 알아보겠습니다.

새로운 프로젝트를 만듭니다. [Start a new Android Studio project]를 선택합니다.

Empty Activity를 선택합니다.

안드로이드 앱 이름을 적습니다. 그리고 [Next] 버튼을 눌러줍니다.

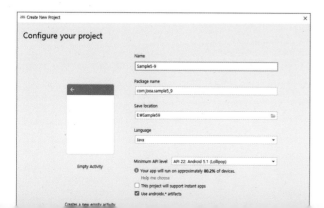

안드로이드 기본 프로젝트가 만들어졌습니다.

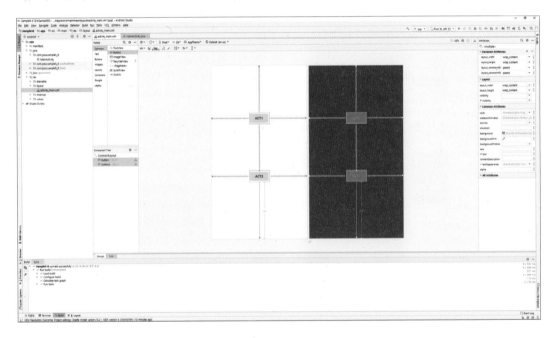

버튼 2개를 만들고 이름을 ACT1, ACT2로 버튼 이름을 입력하고, 각각 선으로 연결을 해 줍니다. 버튼을 누르면 버튼이 움직이는 애니메이션을 만들 예정입니다.

실행(▶)을 하고 버튼이 잘 위치해 있는지 확인합니다.

다음은 애니메이션 기능에 대한 코드가 들어갈 수 있는 xml 파일의 폴더를 생성해야 합니다. res 폴더에 마우스를 올리고 오른쪽 클릭을 합니다. 그리고 [New] → [Directory]를 선택합니다.

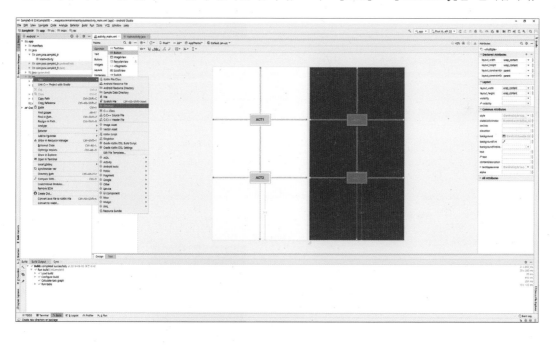

다음과 같은 폴더명을 적을 수 있는 화면이 나옵니다. anim이라고 입력을 하고 [OK] 버튼을 누릅니다.

그림과 같이 anim 폴더가 생성되었습니다.

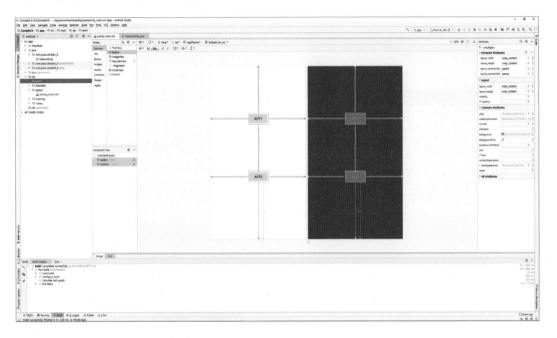

anim 폴더에 마우스를 올리고 오른쪽 클릭을 합니다. 그리고 [New] → [xml] → [Layout XML File]을 선택합니다.

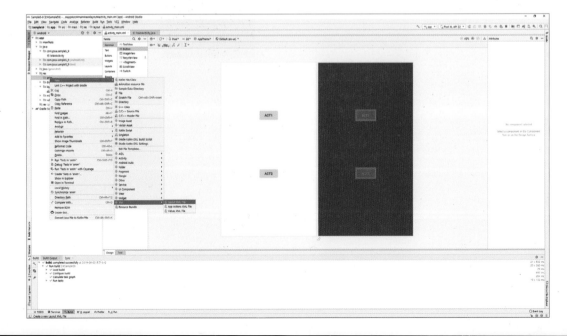

안드로이드 앱 만들기 2nd Edition

혼자 힘으로 배우는

생성되는 xml 파일의 이름을 정하는 창이 뜹니다. 버튼 ACT1에 적용될 애니메이션 기능을 추가할 것이므로 act1이라고 입력하고 [Finish] 버튼을 선택합니다. 동일한 방법으로 act2 파일을 추가합니다.

그림과 같이 act1.xml과 act2.xml이 추가될 때 res 폴더의 Layout 폴더에 생성되는 경우가 있습니다. 그런 경우에는 파일을 복사하여 anim 폴더에 붙여넣기하고 Layout 폴더에 생성된 act1.xml과 act2.xml 파일은 지우기 바랍니다).

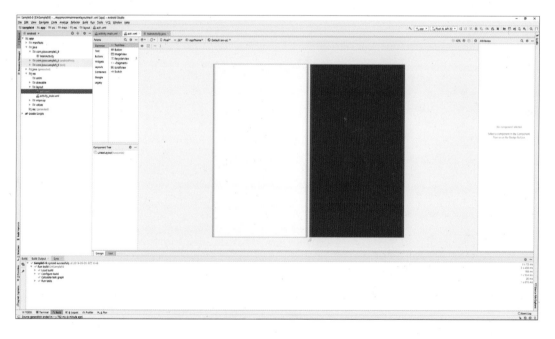

파일을 복사하여 anim 폴더에 붙여넣기하면 다음과 같이 확인창이 나타납니다. [OK]를 클릭합니다.

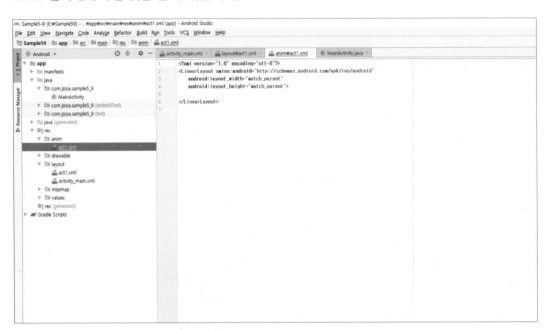

anim 폴더에 추가된 것을 볼 수 있습니다.

act2.xml 파일도 붙여넣기 합니다. [OK] 버튼을 클릭합니다

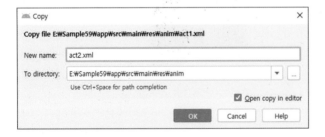

두 개의 파일이 anim 폴더에 붙여넣기 되었습니다.

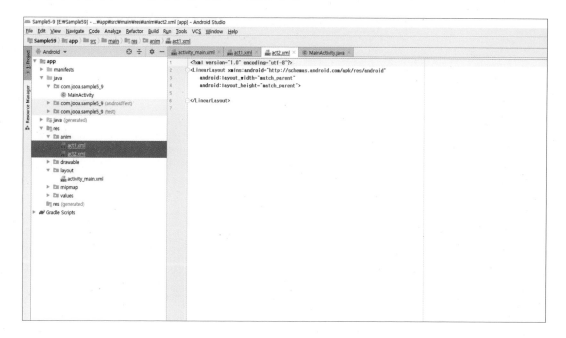

2개의 xml 파일에 코드를 입력합니다.

act1.xml

```xml
<?xml version="1.0" encoding="utf-8"?>
<translate xmlns:android="http://schemas.android.com/apk/res/android"
    android:fromXDelta="0%"
    android:toXDelta="-100%"
    android:duration="10000"
    android:repeatCount="-1"
    android:fillAfter="true"    />
```

act2.xml

act2.xml

```xml
<?xml version="1.0" encoding="utf-8"?>
<scale xmlns:android="http://schemas.android.com/apk/res/android"
    android:duration="3000"
    android:pivotX="50%"
    android:pivotY="50%"
    android:fromXScale="1.0"
    android:fromYScale="1.0"
    android:toXScale="3.0"
    android:toYScale="3.0"
    />
```

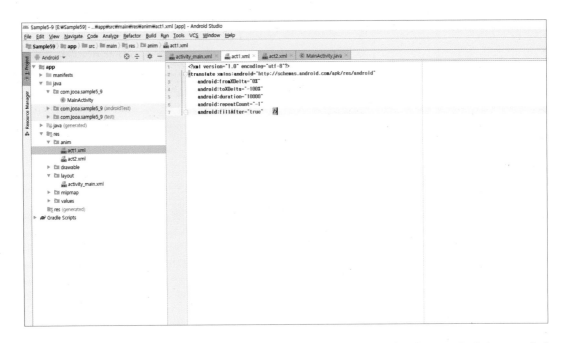

MainActivity.java에 버튼 이벤트에 대한 코드를 입력하겠습니다. 버튼을 누르면 각각 xml 파일에 추가한 코드들이 애니메이션을 실행한다고 생각하시면 됩니다. Class to Import가 나타나면 첫번째 항목(OnClickListener in View)을 선택합니다.

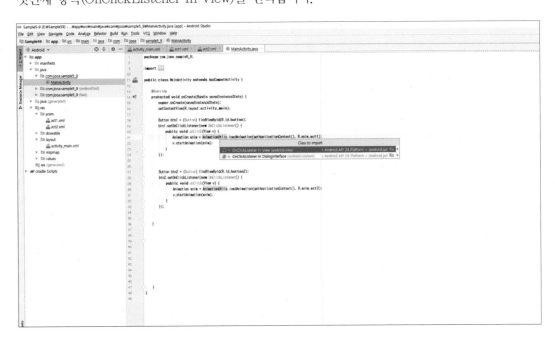

코드 추가가 완료되었습니다.

실행(▶)을 하고 버튼을 누르면 각각 버튼이 다른 애니메이션을 보여주는 것을 볼 수 있습니다.

이처럼 간단하게 애니메이션 기능을 구현할 수 있습니다. 이런 기능들을 잘 학습하여 다른 응용 분야에 활용하면 앱의 품질을 높일 수 있습니다. 지금까지 작성한 코드는 다음과 같습니다.

MainActivity

```java
package com.jooa.sample5_9;

import androidx.appcompat.app.AppCompatActivity;

import android.os.Bundle;
import android.view.Menu;
import android.view.View;
import android.view.animation.Animation;
import android.view.animation.AnimationUtils;
import android.widget.Button;

public class MainActivity extends AppCompatActivity {

    @Override
    protected void onCreate(Bundle savedInstanceState) {
        super.onCreate(savedInstanceState);
        setContentView(R.layout.activity_main);

        Button btn1 = (Button) findViewById(R.id.button);
        btn1.setOnClickListener(new View.OnClickListener() {
            public void onClick(View v) {
                Animation anim = AnimationUtils.loadAnimation(getApplicationContext(), R.anim.act1);
                v.startAnimation(anim);
            }
        });


        Button btn2 = (Button) findViewById(R.id.button2);
        btn2.setOnClickListener(new View.OnClickListener() {
            public void onClick(View v) {
                Animation anim = AnimationUtils.loadAnimation(getApplicationContext(), R.anim.act2);
                v.startAnimation(anim);
            }
        });



    }


}
```

act1.xml

```xml
<?xml version="1.0" encoding="utf-8"?>
<translate xmlns:android="http://schemas.android.com/apk/res/android"
    android:fromXDelta="0%"
    android:toXDelta="-100%"
    android:duration="10000"
    android:repeatCount="-1"
    android:fillAfter="true"     />
```

act2.xml

```xml
<?xml version="1.0" encoding="utf-8"?>
<scale xmlns:android="http://schemas.android.com/apk/res/android"
    android:duration="3000"
    android:pivotX="50%"
    android:pivotY="50%"
    android:fromXScale="1.0"
    android:fromYScale="1.0"
    android:toXScale="3.0"
    android:toYScale="3.0"
    />
```

activity_main.xml

```xml
<?xml version="1.0" encoding="utf-8"?>
<androidx.constraintlayout.widget.ConstraintLayout xmlns:android="http://
schemas.android.com/apk/res/android"
    xmlns:app="http://schemas.android.com/apk/res-auto"
    xmlns:tools="http://schemas.android.com/tools"
    android:layout_width="match_parent"
    android:layout_height="match_parent"
    tools:context=".MainActivity">

    <Button
        android:id="@+id/button"
        android:layout_width="wrap_content"
        android:layout_height="wrap_content"
        android:text="ACT1"
        app:layout_constraintBottom_toTopOf="@+id/button2"
        app:layout_constraintEnd_toEndOf="parent"
        app:layout_constraintStart_toStartOf="parent"
        app:layout_constraintTop_toTopOf="parent" />
```

```
<Button
    android:id="@+id/button2"
    android:layout _ width="wrap _ content"
    android:layout _ height="wrap _ content"
    android:layout _ marginBottom="240dp"
    android:text="ACT2"
    app:layout _ constraintBottom _ toBottomOf="parent"
    app:layout _ constraintEnd _ toEndOf="parent"
    app:layout _ constraintHorizontal _ bias="0.501"
    app:layout _ constraintStart _ toStartOf="parent" />
</androidx.constraintlayout.widget.ConstraintLayout>
```

MEMO

CHAPTER

6

실전 앱 만들기

실전 앱 만들기

이번 장에서는 그동안 배운 앱의 기능 등을 이용해서 앱을 만들어 보도록 하겠습니다. 많은 학습과 연습이 중요합니다. 프로그램 코딩을 보는 것이 낯설지 않고 자연스럽게 간단한 코딩은 할 수있는 습관을 만드는 것이 좋습니다.

프로그램 코딩이 익숙하지 않고 어렵다는 부담으로 인해 자꾸만 멀게만 느껴져서 결국에는 아예포기하는 상황이 벌어지기도 합니다. 하지만 가볍게 프로그램을 생각하고 항상 아이디어를 구현하려고 할 때 진짜 프로그램 개발자에 한걸음 다가갈 수 있다고 생각합니다. 지금부터 몇 가지 앱을 만들어 보면서 기능을 조합해 보도록 하겠습니다.

 ## 모바일 페이지 앱 만들기

예제파일 CD\SAMPLE\chapter6-1

이번에 만들 앱은 언제나 쉽게 모바일 사이트로 이동할 수 있는 앱입니다. 모바일 즐겨찾기 앱이라고 할 수 있으며 이런 유사한 기능의 앱들을 많이 볼 수 있습니다. 다음과 같은 기능들이 구현됩니다.

앱의 리스트에 앱 아이콘을 구현합니다.

인트로 페이지가 있으며 일정 시간이 지난 후 메인 페이지로 이동합니다.

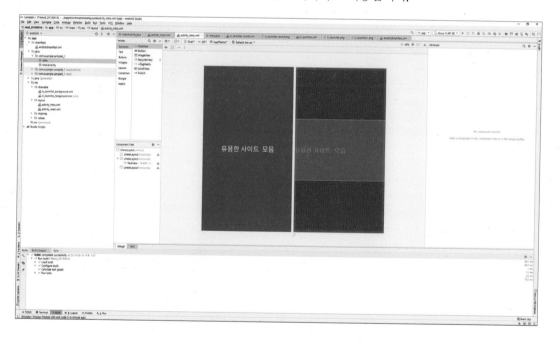

상단에는 웹사이트 바로가기 버튼과 하단에는 웹 페이지 이동, 새로고침 버튼이 있습니다.

교통 정보 사이트로 이동할 수 있습니다.

취업 정보 사이트로 이동할 수 있습니다.

날씨 정보로 이동할 수 있습니다.

구글 지도를 볼 수 있습니다.

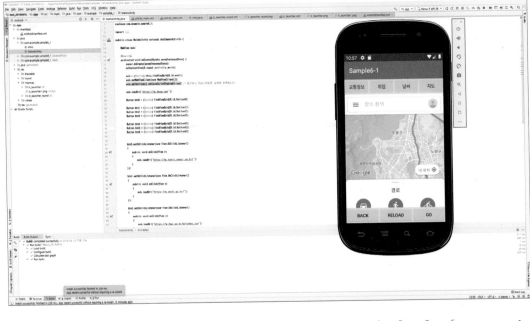

이와 같은 기능들을 하기 위해 프로젝트 파일을 하나 생성합니다. 그리고 [java] → [com.example.sample6] 폴더 위에 마우스 오른쪽 클릭을 하여 [New] → [Activity] → [Empty Activity]를 선택하여 intro 액티비티 파일과 intro.xml을 추가합니다.

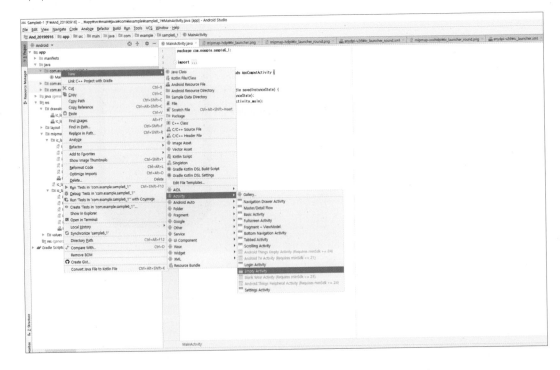

그리고 intro 파일을 선택하여 5초 후에 MainActivity 화면으로 이동하는 코드를 그림과 같이
추가합니다.

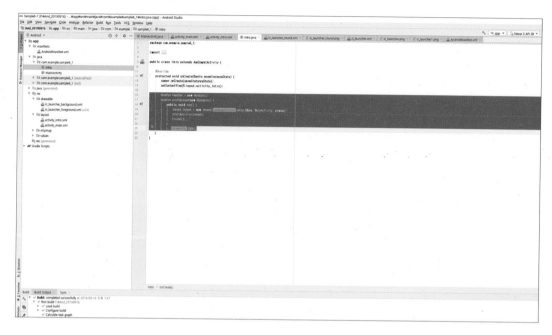

intro.xml 레이어 화면에 앱 이름을 적습니다. 초기 인트로 화면을 구성합니다.

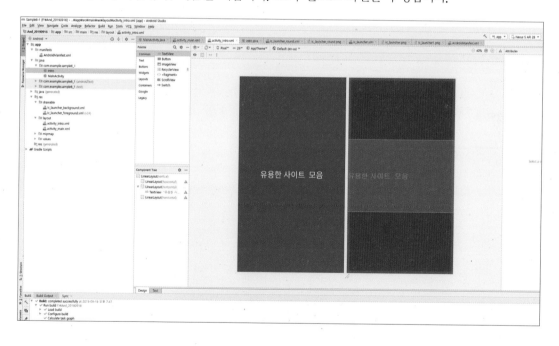

MainActivity 파일에 웹뷰(WebView)와 버튼 기능을 추가합니다. 사이트 페이지 이동은 다음
주소를 참고했습니다.

```
web.loadUrl("https://m.topis.seoul.go.kr/");
        web.loadUrl("https://m.work.go.kr/");
        web.loadUrl("https://m.kma.go.kr/m/index.jsp");
        web.loadUrl("https://maps.google.co.kr/");
```

MainActivity 파일과 연결된 activity_main.xml 레이아웃에 버튼을 추가합니다.

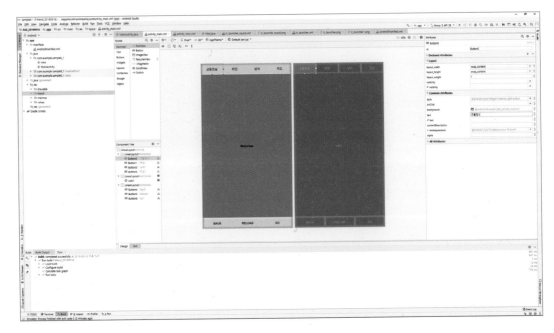

앱 아이콘을 만들어 drawable 폴더에 넣습니다. 사이즈나 규격은 drawable 폴더의 기본 안드로이드 아이콘 이미지를 참조하시기 바랍니다. 아이콘 파일은 ic_launcher1.png 파일을 추가합니다.

웹뷰를 추가하려면 항상 인터넷에 대한 퍼미션을 추가해야 합니다. AndroidManifest.xml 파일에 android.permission.INTERNET를 추가합니다.

```xml
<?xml version="1.0" encoding="utf-8"?>
<manifest xmlns:android="http://schemas.android.com/apk/res/android"
    package="com.example.sample6 _ 1">

    <uses-permission android:name="android.permission.INTERNET" />

    <application
        android:allowBackup="true"
        android:icon="@mipmap/ic _ launcher1"
        android:label="@string/app _ name"
        android:supportsRtl="true"
```

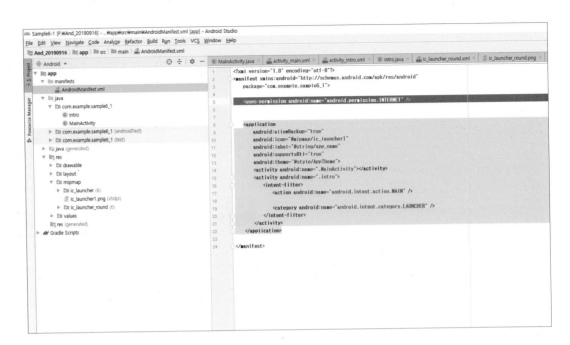

코드 작성이 완료되었으면 실행합니다. 다음과 같이 인트로 파일 로딩 후에 메인 페이지로 이동하는 것을 볼 수 있습니다.

이 앱의 소스는 다음과 같습니다.

intro

```
package com.example.sample6 _ 1;

import androidx.appcompat.app.AppCompatActivity;
```

```
import android.content.Intent;
import android.os.Bundle;
import android.os.Handler;

public class intro extends AppCompatActivity {

    @Override
    protected void onCreate(Bundle savedInstanceState) {
        super.onCreate(savedInstanceState);
        setContentView(R.layout.activity _ intro);

        Handler handler = new Handler();
        handler.postDelayed(new Runnable() {
            public void run() {
                Intent intent = new Intent(intro.this, MainActivity. class);
                startActivity(intent);
                finish();
            }
        }, 5000);
    }
}
```

MainActivity

```
package com.example.sample6 _ 1;

import androidx.appcompat.app.AppCompatActivity;

import android.os.Bundle;
import android.view.View;
import android.webkit.WebView;
import android.webkit.WebViewClient;
import android.widget.Button;

public class MainActivity extends AppCompatActivity {

    WebView web;

    @Override
    protected void onCreate(Bundle savedInstanceState) {
        super.onCreate(savedInstanceState);
        setContentView(R.layout.activity _ main);

        web = (WebView) this.findViewById(R.id.web1);
```

```java
web.setWebViewClient(new WebViewClient());
web.getSettings().setJavaScriptEnabled(true);  // 웹뷰에서 자바스크립트 실행을 허용합니다.

web.loadUrl("https://m.daum.net");

        Button btn0 = (Button) findViewById(R.id.Button0);

        Button btn1 = (Button) findViewById(R.id.Button1);
        Button btn2 = (Button) findViewById(R.id.Button2);
        Button btn3 = (Button) findViewById(R.id.Button3);

        Button btn4 = (Button) findViewById(R.id.Button4);
        Button btn5 = (Button) findViewById(R.id.Button5);
        Button btn6 = (Button) findViewById(R.id.Button6);


        btn0.setOnClickListener(new View.OnClickListener()
        {
            public void onClick(View v)
            {
                web.loadUrl("https://m.topis.seoul.go.kr/");
            }
        });

        btn1.setOnClickListener(new View.OnClickListener()
        {
            public void onClick(View v)
            {
                web.loadUrl("https://m.work.go.kr/");
            }
        });

        btn2.setOnClickListener(new View.OnClickListener()
        {
            public void onClick(View v)
            {
                web.loadUrl("https://m.kma.go.kr/m/index.jsp");
            }
        });


        btn3.setOnClickListener(new View.OnClickListener()
        {
            public void onClick(View v)
```

```
            {
                web.loadUrl("https://maps.google.co.kr/");
            }
        });



        btn4.setOnClickListener(new View.OnClickListener()
        {
            public void onClick(View v)
            {
                web.goBack();
            }
        });



        btn5.setOnClickListener(new View.OnClickListener()
        {
            public void onClick(View v)
            {
                web.reload();
            }
        });



        btn6.setOnClickListener(new View.OnClickListener()
        {
            public void onClick(View v)
            {
                web.goForward();
            }
        });


    }


}
```

Activity_intro.xml

```xml
<LinearLayout xmlns:android="http://schemas.android.com/apk/res/android"
    android:layout_width="fill_parent"
    android:layout_height="fill_parent"
    android:orientation="vertical"
    android:background="#0054ec"
    >

    <LinearLayout
        android:layout_width="fill_parent"
        android:layout_height="wrap_content"
        android:layout_weight="1"
        android:orientation="horizontal"
        >

    </LinearLayout>

    <LinearLayout
        android:layout_width="fill_parent"
        android:layout_height="wrap_content"
        android:layout_weight="1"
        android:layout_gravity="center_vertical"
        android:orientation="horizontal"
        >

        <TextView

            android:layout_width="fill_parent"
            android:layout_height="fill_parent"
            android:gravity="center"
            android:text="유용한 사이트 모음"
            android:textColor="#ffffff"
            android:textSize ="30sp"
            />

    </LinearLayout>

    <LinearLayout
        android:layout_width="fill_parent"
        android:layout_height="wrap_content"
        android:layout_weight="1"
        android:orientation="horizontal"
        >

    </LinearLayout>
</LinearLayout>
```

activity_main.xml

```xml
<LinearLayout xmlns:android="http://schemas.android.com/apk/res/android"
    android:layout_width="fill_parent"
    android:layout_height="fill_parent"
    android:orientation="vertical" >

    <LinearLayout
        android:layout_width="fill_parent"
        android:layout_height="wrap_content"

        android:orientation="horizontal"
        android:background="#ece9d8"
        >

        <Button
            android:id="@+id/Button0"
            android:layout_width="wrap_content"
            android:layout_height="wrap_content"
            android:layout_weight="1"
            android:text="교통정보"
            />

        <Button
            android:id="@+id/Button1"
            android:layout_width="wrap_content"
            android:layout_height="wrap_content"
            android:layout_weight="1"
            android:text="취업"

            />

        <Button
            android:id="@+id/Button2"
            android:layout_width="wrap_content"
            android:layout_height="wrap_content"
            android:layout_weight="1"
            android:text="날씨" />

        <Button
            android:id="@+id/Button3"
            android:layout_width="wrap_content"
            android:layout_height="wrap_content"
            android:layout_weight="1"
```

```
            android:text="지도"  />
    </LinearLayout>

    <LinearLayout
        android:layout _ width="fill _ parent"
        android:layout _ height="wrap _ content"
        android:layout _ weight="5"
        android:orientation="horizontal"  >

        <WebView
            android:id="@+id/web1"
            android:layout _ width="fill _ parent"
            android:layout _ height="fill _ parent"  />

    </LinearLayout>

    <LinearLayout
        android:layout _ width="fill _ parent"
        android:layout _ height="wrap _ content"

        android:orientation="horizontal"
        android:background="#ece9d8"
        >

        <Button
            android:id="@+id/Button4"
            android:layout _ width="wrap _ content"
            android:layout _ height="wrap _ content"
            android:layout _ weight="1"
            android:text="Back"  />

        <Button
            android:id="@+id/Button5"
            android:layout _ width="wrap _ content"
            android:layout _ height="wrap _ content"
            android:layout _ weight="1"
            android:text="Reload"  />

        <Button
            android:id="@+id/Button6"
            android:layout _ width="wrap _ content"
            android:layout _ height="wrap _ content"
            android:layout _ weight="1"
            android:text="Go"  />
    </LinearLayout>
</LinearLayout>
```

AndroidManifest.xml

```xml
<?xml version="1.0" encoding="utf-8"?>
<manifest xmlns:android="http://schemas.android.com/apk/res/android"
    package="com.example.sample6_1">

    <uses-permission android:name="android.permission.INTERNET" />


    <application
        android:allowBackup="true"
        android:icon="@mipmap/ic_launcher1"
        android:label="@string/app_name"
        android:supportsRtl="true"
        android:theme="@style/AppTheme">
        <activity android:name=".MainActivity"></activity>
        <activity android:name=".intro">
            <intent-filter>
                <action android:name="android.intent.action.MAIN" />

                <category android:name="android.intent.category.LAUNCHER" />
            </intent-filter>
        </activity>
    </application>

</manifest>
```

전화번호 바로가기 앱 만들기

예제파일 CD\SAMPLE\chapter6-2

이번에는 자주 사용하는 전화번호를 앱에 저장해 두었다가 바로 연결할 수 있는 전화번호 앱을 만들어 보겠습니다. 자주 사용하는 친구나 지인의 전화번호를 이용하여 앱을 만들어서 직접 사용할 수 있습니다. 이전에 학습한 나인패치(Nine Patch) 이미지를 사용하여 버튼을 만들어 보겠습니다.

앱의 결과 화면은 다음과 같습니다. 원하는 전화번호 7개를 나열하여 버튼만 바로 누르면 전화 연결이 가능합니다.

버튼을 누르면 바로 지정된 전화번호로 연결이 됩니다. 예시는 애뮬레이터 화면이며 직접 단말기에 넣어 테스트해 보시기 바랍니다.

이제 만들어 보겠습니다. 단축번호 버튼을 7개 만듭니다. 버튼은 이전에 배운 나인패치(Nine Patch)를 이용해서 만들겠습니다.

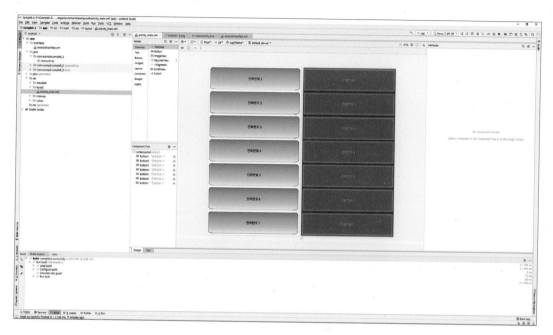

res 폴더의 drawable 폴더에 나인패치 이미지 button03.9.png 파일을 추가합니다. 그리고 버튼 이미지와 연결합니다.

```
<Button
        android:id="@+id/Button1"
        android:layout _ width="fill _ parent"
        android:layout _ height="wrap _ content"
        android:layout _ margin="5dp"
        android:layout _ weight="1"
        android:background="@drawable/button01"
        android:text="전화번호  1"

        />
```

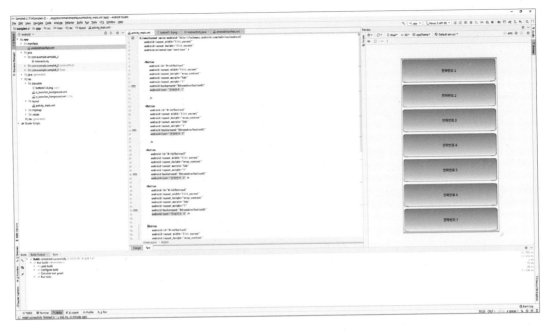

전화 기능을 사용하기 위해서는 웹뷰에서 퍼미션을 추가하듯이 전화 관련 퍼미션을 추가해야 합니다. AndroidManifest.xml 파일을 클릭하여 다음 내용을 추가합니다.

```xml
<?xml version="1.0" encoding="utf-8"?>
<manifest xmlns:android="http://schemas.android.com/apk/res/android"
    package="com.example.sample6_2">

    <uses-permission android:name="android.permission.CALL_PHONE"/>

    <application
        android:allowBackup="true"
        android:icon="@mipmap/ic_launcher"
        android:label="@string/app_name"
        android:roundIcon="@mipmap/ic_launcher_round"
        android:supportsRtl="true"
        android:theme="@style/AppTheme">
        <activity android:name=".MainActivity">
            <intent-filter>
                <action android:name="android.intent.action.MAIN" />

                <category android:name="android.intent.category.LAUNCHER" />
            </intent-filter>
        </activity>
    </application>

</manifest>
```

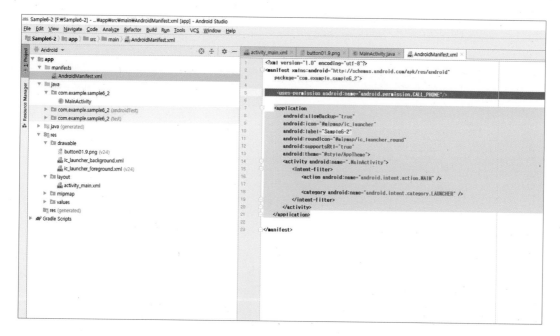

버튼의 개수는 필요한 만큼 추가하여 사용 가능하며 동일한 방식으로 추가해주면 됩니다. 여기에
사용한 소스코드는 다음과 같습니다.

MainActivity

```
package com.example.sample6 _ 2;

import androidx.appcompat.app.AppCompatActivity;

import android.content.Intent;
import android.net.Uri;
import android.os.Bundle;
import android.view.View;
import android.widget.Button;

import java.time.Instant;

public class MainActivity extends AppCompatActivity {

    @Override
    protected void onCreate(Bundle savedInstanceState) {
        super.onCreate(savedInstanceState);
        setContentView(R.layout.activity _ main);

        Button btn1 = (Button) findViewById(R.id.Button1);
        Button btn2 = (Button) findViewById(R.id.Button2);
        Button btn3 = (Button) findViewById(R.id.Button3);
        Button btn4 = (Button) findViewById(R.id.Button4);
```

```
        Button btn5 = (Button) findViewById(R.id.Button5);
        Button btn6 = (Button) findViewById(R.id.Button6);
        Button btn7 = (Button) findViewById(R.id.Button7);


        btn1.setOnClickListener(new View.OnClickListener()
        {
            public void onClick(View v)
            {
              Intent intent=new Intent(Intent.ACTION_DIAL, Uri.
parse("tel:010-111-1111"));
                startActivity(intent);
            }
        });

        btn2.setOnClickListener(new View.OnClickListener()
        {
            public void onClick(View v)
            {
                Intent intent = new Intent(Intent.ACTION_DIAL, Uri.
parse("tel:010-222-2222"));
                startActivity(intent);
            }
        });

        btn3.setOnClickListener(new View.OnClickListener()
        {
            public void onClick(View v)
            {
                Intent intent = new Intent(Intent.ACTION_DIAL, Uri.
parse("tel:010-333-3333"));
                startActivity(intent);
            }
        });

        btn4.setOnClickListener(new View.OnClickListener()
        {
            public void onClick(View v)
            {
                Intent intent = new Intent(Intent.ACTION_DIAL, Uri.
parse("tel:010-444-4444"));
                startActivity(intent);
            }
        });
```

```
        btn5.setOnClickListener(new View.OnClickListener()
    {
        public void onClick(View v)
        {
            Intent intent = new Intent(Intent.ACTION_DIAL, Uri.
parse("tel:010-555-5555"));
            startActivity(intent);
        }
    });


        btn6.setOnClickListener(new View.OnClickListener()
    {
        public void onClick(View v)
        {
            Intent intent = new Intent(Intent.ACTION_DIAL, Uri.
parse("tel:010-666-6666"));
            startActivity(intent);
        }
    });


        btn7.setOnClickListener(new View.OnClickListener()
    {
        public void onClick(View v)
        {
            Intent intent = new Intent(Intent.ACTION_DIAL, Uri.
parse("tel:010-777-7777"));
            startActivity(intent);
        }
    });


    }


}
```

activity_main.xml

```xml
<LinearLayout xmlns:android="http://schemas.android.com/apk/res/android"
    android:layout_width="fill_parent"
    android:layout_height="fill_parent"
    android:orientation="vertical" >


    <Button
        android:id="@+id/Button1"
        android:layout_width="fill_parent"
        android:layout_height="wrap_content"
        android:layout_margin="5dp"
        android:layout_weight="1"
        android:background="@drawable/button01"
        android:text="전화번호 1"

        />

    <Button
        android:id="@+id/Button2"
        android:layout_width="fill_parent"
        android:layout_height="wrap_content"
        android:layout_margin="5dp"
        android:layout_weight="1"
        android:background="@drawable/button01"
        android:text="전화번호 2"

        />

    <Button
        android:id="@+id/Button3"
        android:layout_width="fill_parent"
        android:layout_height="wrap_content"
        android:layout_margin="5dp"
        android:layout_weight="1"
        android:background="@drawable/button01"
        android:text="전화번호 3" />

    <Button
        android:id="@+id/Button4"
        android:layout_width="fill_parent"
        android:layout_height="wrap_content"
        android:layout_margin="5dp"
        android:layout_weight="1"
        android:background="@drawable/button01"
```

```
        android:text="전화번호 4" />


    <Button
        android:id="@+id/Button5"
        android:layout_width="fill_parent"
        android:layout_height="wrap_content"
        android:layout_margin="5dp"
        android:layout_weight="1"
        android:background="@drawable/button01"
        android:text="전화번호 5" />



    <Button
        android:id="@+id/Button6"
        android:layout_width="fill_parent"
        android:layout_height="wrap_content"
        android:layout_margin="5dp"
        android:layout_weight="1"
        android:background="@drawable/button01"
        android:text="전화번호 6" />



    <Button
        android:id="@+id/Button7"
        android:layout_width="fill_parent"
        android:layout_height="wrap_content"
        android:layout_margin="5dp"
        android:layout_weight="1"
        android:background="@drawable/button01"
        android:text="전화번호 7" />

</LinearLayout>
```

AndroidManifest.xml

```xml
<?xml version="1.0" encoding="utf-8"?>
<manifest xmlns:android="http://schemas.android.com/apk/res/android"
    package="com.example.sample6 _ 2">

    <uses-permission android:name="android.permission.CALL _ PHONE"/>

    <application
        android:allowBackup="true"
        android:icon="@mipmap/ic _ launcher"
        android:label="@string/app _ name"
        android:roundIcon="@mipmap/ic _ launcher _ round"
        android:supportsRtl="true"
        android:theme="@style/AppTheme">
        <activity android:name=".MainActivity">
            <intent-filter>
                <action android:name="android.intent.action.MAIN" />

                <category android:name="android.intent.category.LAUNCHER" />
            </intent-filter>
        </activity>
    </application>

</manifest>
```

드럼박스 앱 만들기

예제파일 CD₩SAMPLE₩chapter6-3

스마트폰으로 악기를 연주할 수 있는 악기 앱은 사용자들에게 인기있는 앱입니다. 악기 앱은 사운드만 좋다면 이미 반 이상 구현되었다고 할 수 있습니다. 우리는 이 책에서 버튼을 누르면 소리가 나는 기능을 학습한 바 있습니다. 이 기능을 이용하여 간단한 드럼을 만들도록 하겠습니다.

버튼 4개는 각각 드럼 음원이 들어 있습니다. '베이스'는 드럼의 발 베이스이고 '스네어'는 스네어 드럼입니다. '탐탐'은 탐 드럼을 말하며 '심벌즈'는 심벌즈를 의미합니다. 드럼이기 때문에 버튼을 최대한 크게 만들어 구현하였습니다.

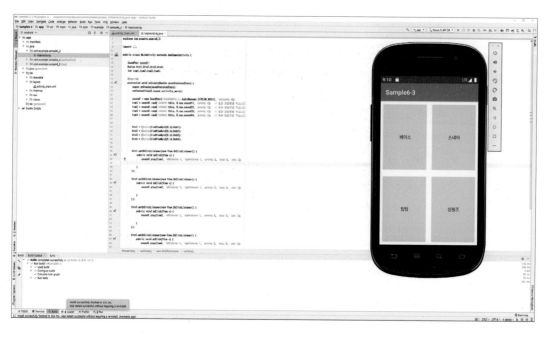

res 폴더에 raw 폴더를 만들고 미리 준비한 4개의 드럼 사운드를 추가합니다.

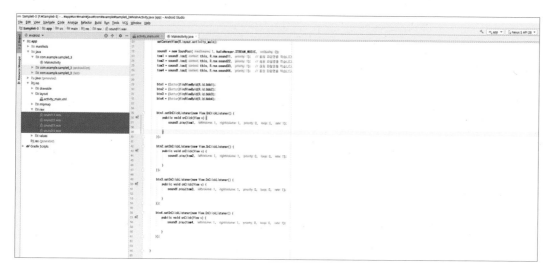

버튼을 fill_parent로 크게 만듭니다.

```
<Button
        android:id="@+id/bbb1"
        android:layout _ width="fill _ parent"
        android:layout _ height="fill _ parent"
        android:layout_weight="1"
        android:text="베이스"

        android:layout_margin="5dp"
    />
```

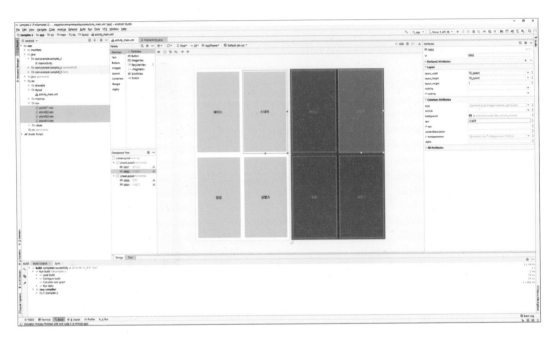

Mainactivity 파일에 코딩을 합니다. 기능을 하나 익히고 복사, 붙여넣기로 기능을 추가합니다.

작성이 완료되면 실행해 봅니다. 여기에 사용된 소스코드는 다음과 같습니다.

MainActivity

```
package com.example.sample6_3;

import androidx.appcompat.app.AppCompatActivity;

import android.media.AudioManager;
import android.media.SoundPool;
import android.os.Bundle;
import android.view.View;
import android.widget.Button;

public class MainActivity extends AppCompatActivity {

    SoundPool soundf;
    Button btn1,btn2,btn3,btn4;
    int tom1,tom2,tom3,tom4;

    @Override
    protected void onCreate(Bundle savedInstanceState) {
        super.onCreate(savedInstanceState);
        setContentView(R.layout.activity_main);

        soundf = new SoundPool(1, AudioManager.STREAM_MUSIC, 0);
        tom1 = soundf.load(this, R.raw.sound11, 1);    // 음원 파일명을 적습니다.
        tom2 = soundf.load(this, R.raw.sound22, 1);    // 음원 파일명을 적습니다.
        tom3 = soundf.load(this, R.raw.sound33, 1);    // 음원 파일명을 적습니다.
        tom4 = soundf.load(this, R.raw.sound44, 1);    // 음원 파일명을 적습니다.


        btn1 = (Button)findViewById(R.id.bbb1);
        btn2 = (Button)findViewById(R.id.bbb2);
        btn3 = (Button)findViewById(R.id.bbb3);
        btn4 = (Button)findViewById(R.id.bbb4);


        btn1.setOnClickListener(new View.OnClickListener() {
            public void onClick(View v) {
                soundf.play(tom1, 1, 1, 0, 0, 1);

            }
        });
```

```
        btn2.setOnClickListener(new View.OnClickListener() {
            public void onClick(View v) {
                soundf.play(tom2, 1, 1, 0, 0, 1);


            }
        });

        btn3.setOnClickListener(new View.OnClickListener() {
            public void onClick(View v) {
                soundf.play(tom3, 1, 1, 0, 0, 1);


            }
        });

        btn4.setOnClickListener(new View.OnClickListener() {
            public void onClick(View v) {
                soundf.play(tom4, 1, 1, 0, 0, 1);


            }
        });


    }

}
```

activity_main.xml

```
        </LinearLayout>

        <LinearLayout
            android:layout_width="fill_parent"
            android:layout_height="fill_parent"
            android:layout_weight="1"

            android:orientation="horizontal"
        >

        <Button
            android:id="@+id/bbb3"
            android:layout_width="fill_parent"
            android:layout_height="fill_parent"
            android:layout_weight="1"
            android:text="탐탐"
```

```
                android:layout_margin="5dp"
        />

        <Button
                android:id="@+id/bbb4"
                android:layout_width="fill_parent"
                android:layout_height="fill_parent"
                android:layout_weight="1"
                android:text="심벌즈"
                android:layout_margin="5dp"
        />

    </LinearLayout>

</LinearLayout>
```

ANDROID EASY APP

 7-1 어플리케이션을 단말기에 넣어 실행하기

 7-2 어플리케이션 등록 및 배포

7

마켓 등록 및
단말기 테스트

마켓 등록 및
단말기 테스트

이번 챕터에서는 앱을 만들어 스마트폰(단말기)에 넣어 테스트하는 방법과 만든 앱을 스토어를 통해서 등록 배포하는 방법에 대해 설명하도록 하겠습니다. 안드로이드 앱을 등록 배포하는 스토어(Store)가 많이 있으나 여기서는 구글 플레이(http://play.google.com/store)를 대상으로 하겠습니다.

 ## 어플리케이션을 단말기에 넣어 실행하기

단말기를 통하여 앱을 테스트하기 위해서는 단말기를 USB 케이블로 PC와 연결합니다. 사전에 단말기 제조사의 웹사이트를 통해서 반드시 USB 드라이버를 다운받아 설치하시기 바랍니다. USB 드라이버 설치가 완료되었으면 단말기의 환경 설정에 들어가 개발자 단말기 설정을 해야합니다. 단말기마다 화면 구성이 다를 수 있음을 알려드립니다.

환경 설정에 들어가면 개발자 옵션이라고 하는 메뉴가 있습니다. [개발자 옵션]을 누릅니다.

개발자 옵션 [켜기]를 터치합니다. 그리고 [USB 디버깅]에 체크를 합니다.

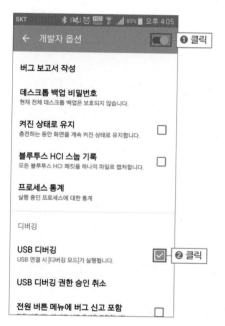

단말기 설정이 마무리 되었습니다. 이젠 안드로이드 스튜디오를 실행합니다. 단말기를 통해서 이전에 학습한 앱을 실행해 보겠습니다. 반드시 단말기와 USB를 연결해 놓은 상태여야 합니다.

프로젝트 파일을 실행합니다. 상단의 실행 버튼(▶)왼쪽에 ▼ 표시를 누릅니다.

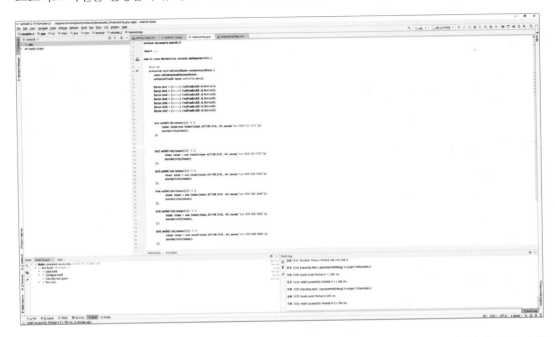

정상적으로 단말기와 연결되어 있다면 단말기 모델명이 나타나게 됩니다. 연결된 단말기를 선택 후 실행(▶)을 눌러 줍니다.

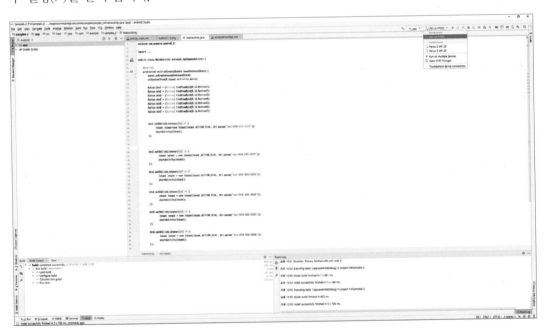

그럼 다음과 같이 단말기에서 앱이 실행되는 것을 확인할 수 있습니다.

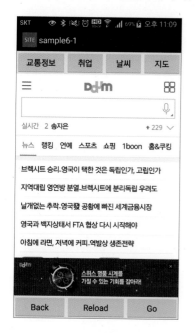

 체크
하세요
1. 단말기 연결은 반드시 제조사 사이트를 통해서 USB 드라이버를 다운받아 설치하세요.
2. 단말기에서 개발자 옵션 설정을 해야 합니다.
3. 안드로이드 스튜디오가 나오면서 개발 중의 앱 테스트가 빨라졌지만 그래도 아직은 단말기 테스트가 가장 빠른 앱 개발 테스트를 할 수 있습니다.

 ## 어플리케이션 등록 및 배포

이번에는 앱을 만들어 스토어에 등록하는 방법에 대해 알아보겠습니다. 구글 플레이(http://play. google.com/store)에 앱을 등록하기 위해서는 사전에 개발자 등록이 되어 있어야 합니다. 등록할 앱의 프로젝트를 실행하고 안드로이드 스튜디오에서 배포 파일을 만들어 구글 플레이에 등록하는 순서입니다.

구글 스토어에 등록하는 앱 파일, 즉 배포 파일을 만들 때는 앱의 등록을 위한 인증서도 같이 만들어야 합니다. 만들어진 인증서는 앱 등록 후 수정이나 업그레이드를 할 때 반드시 필요합니다.

등록할 앱의 프로젝트 파일을 열어 상단의 [Build] → [Generate Signed APK…]를 선택합니다.

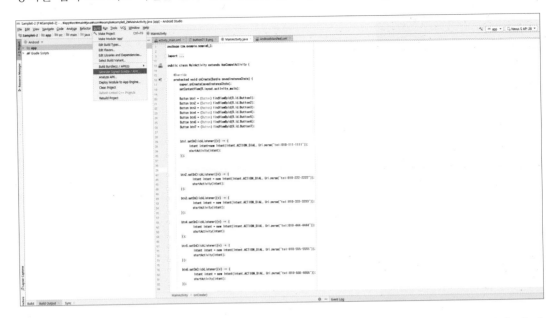

그럼 다음과 같은 화면이 나타납니다. 구글 스토어에 올릴 파일을 만드는 화면입니다. 이제 앱 관리를 할 수 있는 인증서를 만들어야 합니다. [Create new…]를 선택합니다. 기존에 인증서가 있다면 우측의 [Choose existing…]를 선택합니다.

인증서를 저장할 경로를 선택하는 화면입니다.

적당한 저장위치를 선택한 후 원하는 이름을 적고 [OK] 버튼을 눌러줍니다.

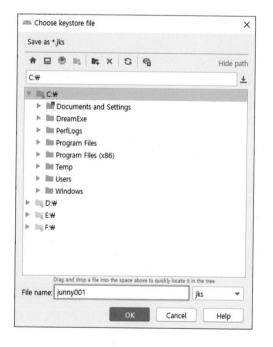

그림과 같이 인증서 관련 정보를 작성합니다. 본인이 자유롭게 인증서 내용을 작성하고 비밀번호는 반드시 기억하기 바랍니다. 중간의 Validity는 앱의 유효기간을 정하는 년 단위이며 가장 긴 25년 정도로 설정하고 하단의 국가 코드를 작성해 주면 됩니다. [OK] 버튼을 눌러줍니다.

인증서가 만들어지고 그림과 같이 인증서가 자동으로 입력되었습니다. [Next] 버튼을 눌러줍니다.

release를 선택한 후 [Finish] 버튼을 선택합니다. 저장되는 경로를 기억해 두기를 바랍니다.

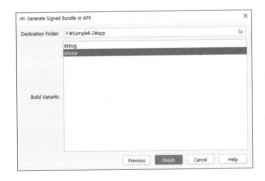

저장된 폴더를 열면 다음과 같이 저장된 파일을 볼 수 있습니다. 파일 확장자가 apk인 파일이 안드로이드 앱 배포파일입니다. 이 파일을 스토어에 등록하면 됩니다.

이제 개발자 사이트로 접속하여 앱을 등록하는 과정입니다. 구글 개발자 사이트(http://developer.android.com)에 접속한 다음 우측 상단의 [PLAY CONSOLE 실행하기] 메뉴를 클릭합니다.

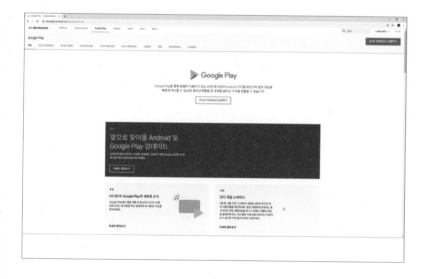

이미 개발자 등록이 되어 있다면 다음 화면이 나타납니다. [애플리케이션 만들기]를 선택합니다.

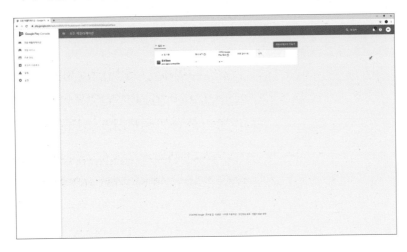

언어와 앱 이름을 적습니다. 등록화면에 나와있는 내용들을 입력합니다. 스크린 샷이나 앱에 대한 설명이 필요하므로 미리 준비하여 입력하시기 바랍니다.

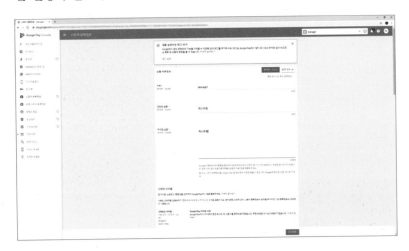

왼쪽 메뉴의 앱 버전을 선택하면 다음과 같은 화면이 나타납니다. [관리] 버튼을 눌러줍니다.

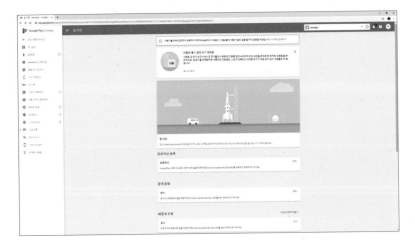

[새 버전 출시하기] 버튼을 클릭합니다.

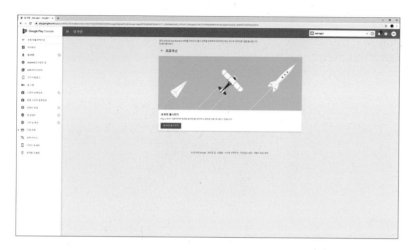

다음 화면이 나오면 [파일 찾아보기]를 선택하고 이전에 만든 앱 파일을 등록하면 됩니다.

구글 플레이를 통하여 앱을 배포하는 경우는 앱에 대한 심사 기간이 거의 없으므로 바로 배포가 됩니다. 다만 웹사이트의 적용시간이 있으므로 24시간 정도 후에 모든 배포가 이루어진다고 생각하면 됩니다(구글 정책은 자주 변경될 수 있으니 최신 정보를 확인해 주시기 바랍니다).

ANDROID   EASY   APP

CHAPTER

8

구글이 선택한 언어
코틀린(Kotlin)

구글이 선택한 언어
코틀린(Kotlin)

코틀린(Kotlin)은 안드로이드의 새로운 언어입니다. 그동안 자바(JAVA)가 안드로이드 앱을 개발하는 언어였지만 코틀린이라는 언어가 추가되었습니다. 안드로이드 프로젝트 생성시 개발 언어를 설정하는 화면에서 코틀린이 추가 된 것을 볼 수 있습니다.

앞으로는 코틀린이 안드로이드 앱 개발언어로 자리를 잡을 날이 올 수도 있습니다. 구글이 안드로이드 앱 개발 언어로 코틀린이라는 언어를 선택한 이유에 대해서는 여러가지 추측들이 있으나 아이폰 앱 개발에서도 스위프트(Swift)라는 언어가 추가되었듯이 구글도 개발자를 위한 좋은 언어를 추가했다고 생각하고 이 장에서는 코틀린의 맛보기를 정도를 다루고자 합니다.

코틀린(Kotlin)이란?

코틀린(Kotlin)은 자바가상머신(JVM)에서 동작하는 언어입니다. 젯브레인이라는 회사에서 2011년에 공개한 언어입니다. 그동안 많은 언어의 안정성이 검증되었고 안드로이드는 이 언어를 앱 개발 언어로 선택하였습니다. 언어를 배우기 위해서는 기본적인 문법을 학습해야 하는데 안드로이드 앱 개발 툴인 안드로이드 스튜디오에는 원활한 학습이 어렵습니다.

언어의 기본 학습이 진행되어야 앱 개발 툴(Tool)인 안드로이드 스튜디오에서 앱 개발 응용 개발을 시작할 수 있기 때문입니다. 코틀린 언어를 배우고 익히는 방법은 이클립스(Eclipse)라는 개발 툴(Tool)로 할 수 있습니다. 이클립스는 안드로이드 스튜디오가 나오기 오래 전의 앱 개발 툴로 활용되었습니다.

또한 코틀린 공식 사이트를 방문하면 학습과 테스트를 할 수 있습니다. 코틀린 공식 사이트 (https://kotlinlang.org)를 접속합니다.

첫 페이지 우측 상단의 TRY ONLINE 메뉴를 클릭하면 다음과 같이 직접 코딩을 할 수 있는 페이지로 이동합니다. 기본적인 코딩이 있고 수정도 가능하면 우측 파란색 실행 버튼을 누르면 결과 값을 볼 수 있습니다.

첫 페이지에서 우측 상단의 LEARN 메뉴를 클릭하면 다음과 같이 영어로 된 학습페이지가 나타납니다. 영어로 되어있으나 코드만을 보면서 학습을 할 수 있도록 잘 되어 있습니다.

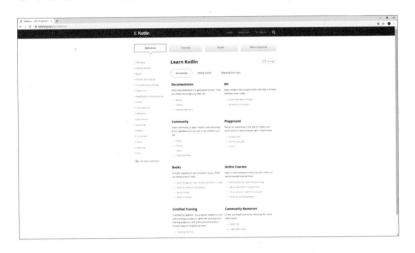

이 책에서는 코틀린을 학습할 수 있는 설치 환경 구성과 간단한 코딩을 보여줄 예정입니다. 자바(JAVA) 파일의 확장자는 파일명.java이고 코틀린 파일의 확장자는 파일명.kt입니다. 이제부터 간단한 설치 환경과 코딩을 해 보도록 하겠습니다.

 # Hello World

코틀린(Kotlin)을 학습할 수 있는 사이트에서 코딩연습을 할 수 있습니다. 그러나 간단한 확인정도의 코딩연습만 가능하며 코딩의 결과물을 본인이 가질 수는 없습니다. 그래서 코틀린도 안드로이드 스튜디오처럼 개발 환경 툴을 설치할 수 있습니다. 이클립스(Eclipse), 인텔리제이(IntelliJ IDEA : https://www.jetbrains.com/idea/) 등으로 환경을 구성 할 수 있습니다. 인텔리제이(IntelliJ)는 유료버전으로 이클립스(Eclipse)를 사용하여 환경을 구성하고 "Hello World" 라고 출력을 해 보는 학습을 해 보겠습니다.

이클립스(Eclipse) 공식 사이트(https://www.eclipse.org/)를 방문하여 이클립스를 다운로드 받아서 설치합니다. 설치하는 방법은 인터넷에서 많은 자료를 찾을 수 있으며 인터넷 도움을 받아 설치해 주시기 바랍니다.

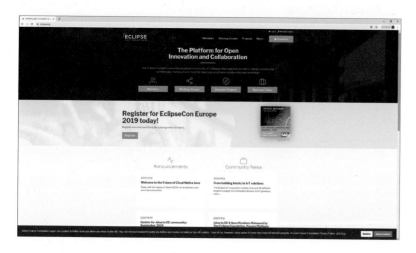

이클립스가 설치되었으면 코틀린(Kotlin) 플러그인(Plug In)을 설치해야 합니다. 그림과 같이 이클립스 화면에서 [Help] > [Eclipse Marketplace…] 를 선택합니다.

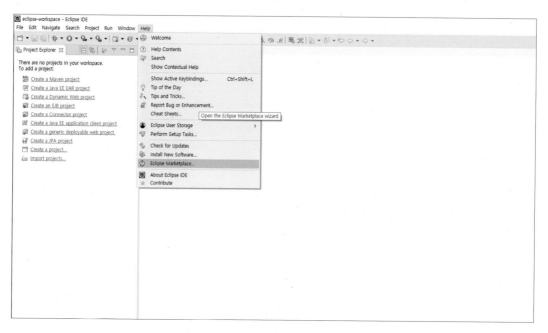

그럼 다음과 같은 창이 뜨는 것을 볼 수 있습니다. 이클립스는 다양한 언어의 개발 환경을 제공하기 때문에 언어에 맞는 플러그인(Plug In)을 설치할 수 있습니다. 이처럼 플러그인은 개발하고자 하는 언어의 지식을 넣어주는 것이라고 생각하시면 됩니다. 개발환경 프로그램이 언어에 대한 지식을 가지고 있지 않다면 오류인지 아닌지를 개발 툴이 알 수 없어 알려주지도 못하는 상황이 올수 있을 것입니다. 플러그인을 설치합니다.

그림과 같이 검색창에 kotlin이라고 입력하고 검색 돋보기 버튼을 클릭합니다.

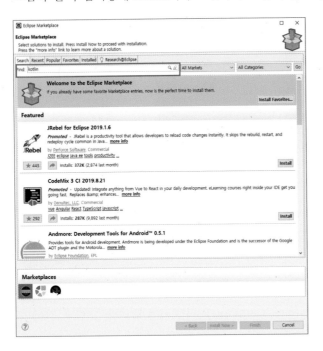

코틀린 플러그인이 검색되었습니다. [install] 버튼을 클릭하여 설치를 진행합니다.

설치가 완료되면 이번에는 이클립스 처음화면으로 와서 코틀린 프로젝트를 생성합니다. [File] 〉
[Project]를 선택합니다.

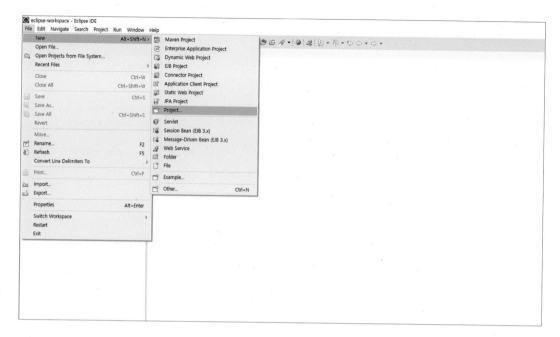

그럼 다음과 같은 화면이 나타납니다. Kotlin 폴더에서 Kotlin Project를 선택 후 [Next] 버튼을
클릭합니다.

다음 화면에서 프로젝트 이름을 "Kotlin1"으로 입력하겠습니다. [Finish] 버튼을 클릭합니다.

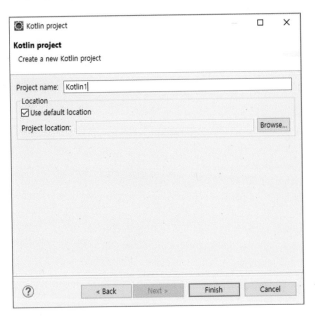

코틀린 프로젝트가 생성되었습니다. 이젠 코딩을 할 수 있는 코틀린 파일을 추가해야 합니다. src 폴더에 마우스를 클릭하고 마우스 우측 버튼을 누르면 다음과 같은 메뉴가 뜹니다. [New] 〉 [Other]를 클릭합니다.

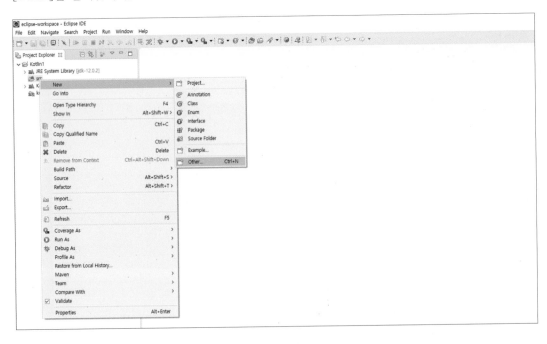

Kotlin 폴더에서 Kotlin File을 선택합니다.

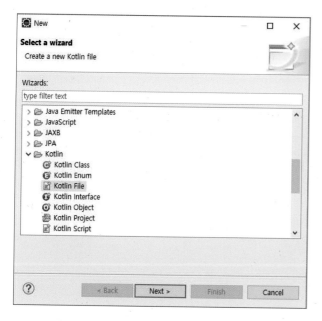

생성되는 코틀린 파일 이름을 입력합니다.

코틀린을 코딩할 수 있는 환경이 만들어졌습니다.

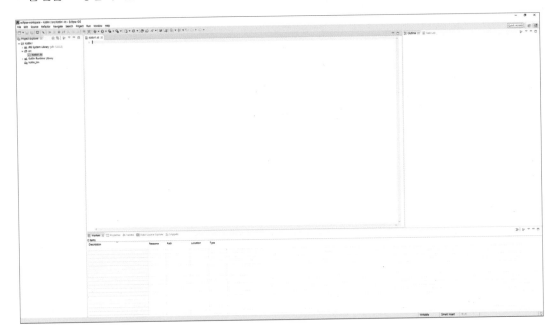

코드를 다음과 같이 입력합니다.

```kotlin
fun main(args: Array<String>){

    println("Hello, World")

}
```

그리고 상단의 초록색 실행 버튼(▶)을 눌러서 실행합니다.

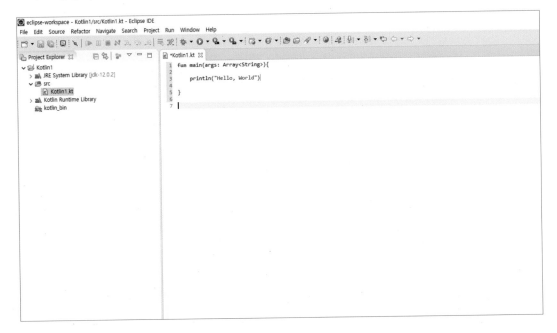

실행에 대한 확인창이 다시 나타납니다. [OK] 버튼을 눌러줍니다.

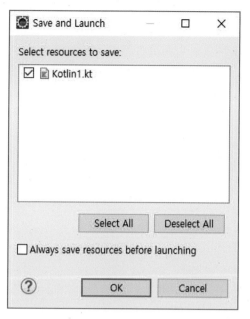

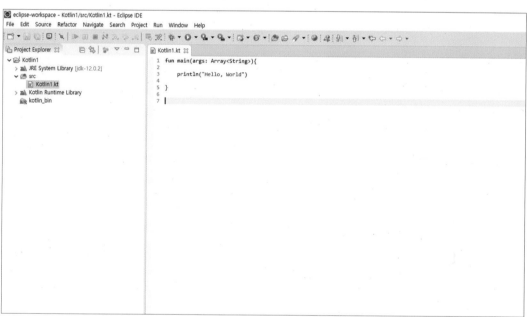

하단의 실행 영역에 Hello, World라는 텍스트가 나타나는 것을 볼 수 있습니다. 이제 코틀린을 학습할 수 있는 환경이 구성되었습니다. 코틀린 학습을 앞으로 계속 진행하시려면 인터넷의 자료 검색을 통하여 학습하시거나 코틀린 공식 사이트 방문을 통하여 진행하시기 바랍니다.

코틀린(Kotlin)으로 안드로이드 앱 만들기

코틀린(Kotlin) 언어를 이용하여 간단한 안드로이드 앱 하나를 만들어 보겠습니다. 버튼을 누르면 텍스트 내용이 변하는 앱니다.

새로운 안드로이드 프로젝트를 만듭니다.

[Empty Activity]를 선택합니다.

언어(Language)를 Kotlin으로 선택합니다. [Finish] 버튼을 클릭합니다.

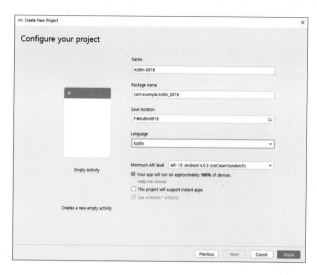

새로운 프로젝트가 만들어 졌습니다. 처음 코틀린(Kotlin)을 시작할 때 우측하단에 플러그인 (plugin)을 업데이트해야 하는 경우가 있습니다. 그런 경우 업데이트를 진행합니다.

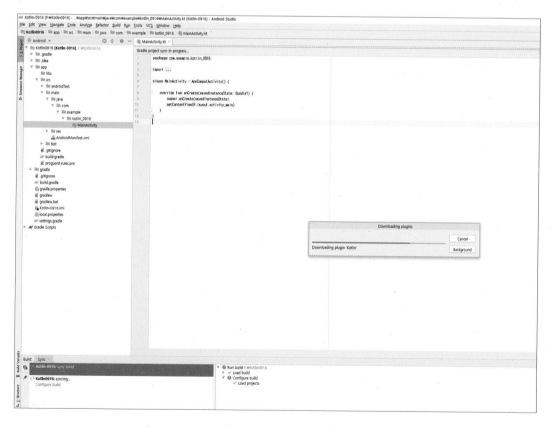

activity_main.xml을 선택하고 TextView와 Button 두개를 배치하고 각각 연결하여 배치를 합니다.

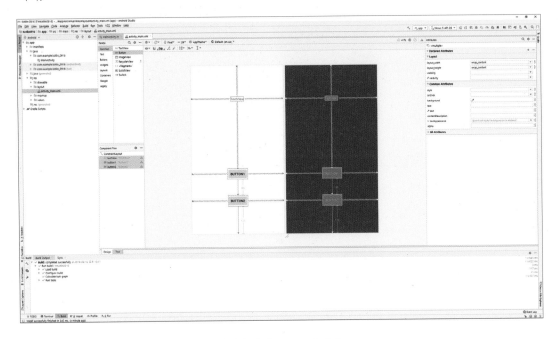

아래와 같은 코틀린 코드를 입력합니다. 확장자는 .kt입니다.

```kotlin
button1.setOnClickListener {
    textView.setText("")    // 텍스트에 아무런 글자도 입력하지 않습니다.

}

button2.setOnClickListener {
    textView.setText("hello!!! World!!!!")  // 텍스트에 내용을 입력합니다.

}
```

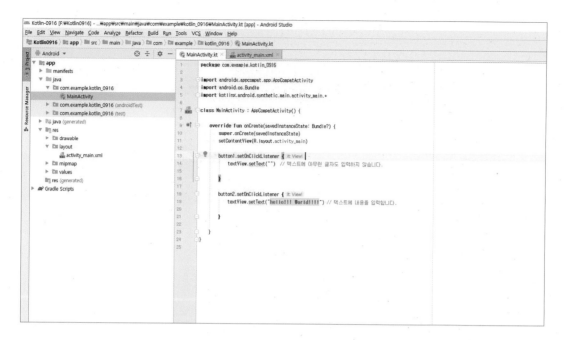

우측상단의 ▶ 클릭하여 실행을 합니다. 버튼1(BUTTON1), 버튼2(BUTTON2)를 누르면 텍스트가 없어지거나 "hello!!! World!!!!"가 나타나는 것을 볼 수 있습니다.

기존 안드로이드 언어인 자바(JAVA)에서는 버튼 이벤트에 반드시 findViewByID라는 코딩을 했어야 했고 소스 코드도 많았습니다. 그러나 코틀린은 많은 코드를 줄임으로서 보다 효율적인 코딩을 할 수 있게 지원하고 있습니다. 그리고 주석은 자바(JAVA)와 동일한 방식으로 사용되고 있습니다.

지금까지 코틀린(kotlin)의 맛보기를 학습해 보았습니다. 어떤 언어를 선택하여 안드로이드 앱 개발 학습을 할지는 여러분의 선택입니다. 빠른 이해와 나에게 맞는 언어라고 생각되는 언어를 선택하시기 바랍니다.

A N D R O I D   E A S Y   A P P

CHAPTER

9

앱 개발에
도움이 되는 정보들

앱 개발에
도움이 되는 정보들

이 장에서는 안드로이드 앱을 만들기 위해 도움이 되는 사이트를 알아보고, 우리가 만든 안드로이드 앱에 광고를 달아서 수익을 창출하는 방법에 대해 알아보도록 하겠습니다.

 ## 모바일 광고 달기

안드로이드(Android) 앱(App)을 만들어 스토어에 올리고 배포하는 것을 학습하였습니다. 이제는 수익에 대한 생각을 해 보도록 하겠습니다. 앱을 유료로 올린다고 해서 반드시 수익이 나는 것은 아닙니다. 또한 유료 앱은 사용자들의 부담이 있어 수익을 내는 것이 쉽지 않습니다. 그래서 앱을 무료로 다운로드받게 한 다음 광고를 노출하여 광고 수익을 내는 방법이 있습니다. 즉, 애드몹(Admob) 광고를 앱에 추가하여 무료로 배포하는 것입니다.

애드몹은 전세계의 기업이나 개인의 광고를 제공하고 있습니다. 그래서 애드몹에서 제공하고 있는 광고 배너를 원하는 앱에 달기만 하면 앱 사용자가 앱을 이용하다가 노출되는 애드몹을 클릭하며 일정 비율의 수익이 발생합니다. 국내에도 애드몹과 같은 광고 회사들이 있습니다. 앱의 노출 전략에 따라 광고회사를 선택하시기 바랍니다. 참고로 클릭당 발생하는 광고 수익은 매우 적다는 것을 알려드립니다.

그럼 지금부터 애드몹을 추가하는 방법에 대해 알아보도록 하겠습니다. 먼저 애드몹(admob. google.com/home/) 사이트를 방문합니다. 구글(Google) 계정으로 로그인이 가능하므로 계정이 없으면 만들어서 로그인을 합니다.

애드몹 사이트에 로그인을 합니다. [시작하기]를 클릭합니다.

아직 게시하지 않았으면 아니오를 클릭합니다.

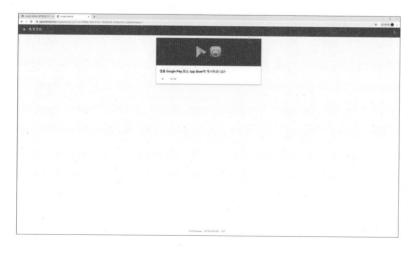

[Android]를 선택한 후 [추가] 버튼을 클릭합니다.

애드몹 광고를 달기 위해 필요한건 앱 아이디입니다. 저 아이디를 만든 앱 안에 추가하여야 합니다. [다음 단계 : 광고 단위 만들기] 버튼을 클릭합니다.

모바일 앱에서 보여지는 광고 형태를 선택합니다.

다음 화면에서 내용을 입력 후 [광고 단위 만들기] 버튼을 눌러줍니다.

[완료] 버튼을 클릭합니다.

광고를 달기 위한 앱 설정은 마무리되었습니다.

안드로이드 앱에 애드몹 광고를 붙이는 설명은 애드몹에서도 잘 설명하고 있습니다. 그래서 안드로이드 스튜디오에서 애드몹을 추가할 때 발생할 수 있는 주의사항을 알려드리겠습니다. 상단 메뉴 [Tools] 〉 [SDK Manager]를 클릭합니다.

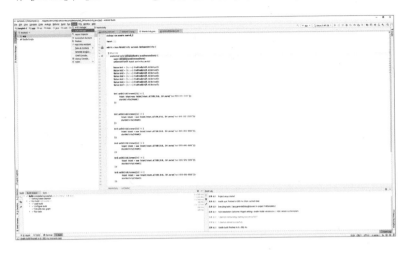

다음 화면에서 SDK Tools를 클릭 후 Not install된 부분을 체크하여 모두 설치해 주시기 바랍니다.

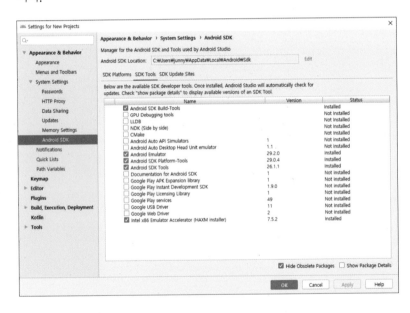

안드로이드 앱에 애드몹을 추가하는 방법은 다음 사이트(https://firebase.google.com/)를 참고하기 바랍니다. 구글에서 제공하는 개발 플랫폼입니다.

상단의 Docs 메뉴를 클릭하고 AdMob 가이드라인 메뉴로 들어갑니다. 직접적인 접속 주소는 https://firebase.google.com/docs/admob/android/ quick-start입니다.

도움이 되는 사이트

안드로이드(Android) 앱(App)을 만들어 스토어에 올리고 배포하는 것을 학습하였습니다. 이제는 수익에 대한 생각을 해 보도록 하겠습니다. 앱을 유료로 올린다고 반드시 수익이 나는 것은 아닙니다. 또한 유료 앱은 사용자들의 부담이 있어 수익을 내는 것이 쉽지 않습니다. 그래서 앱을 무료로 다운로드 안드로이드 앱을 개발하다 보면 개발에 대한 부분, 음원에 대한 부분, 이미지에 대한 부분 등 많은 도움이 필요합니다. 앱을 만든다는 것은 멀티미디어적인 요소가 많이 있기 때문에 그렇습니다.

대부분의 앱을 만드는 데 이미지나 사운드가 필요합니다. 또한 앱의 질적인 면을 높여주기도 합니다. 그래서 도움이 될 만한 사이트를 정리해 보았습니다.

아이콘파인더(http://www.iconfinder.com)는 버튼 이미지의 아이콘 이미지를 검색할 수 있는 사이트입니다. 버튼 이미지를 찾아서 사용하는데 유용합니다.

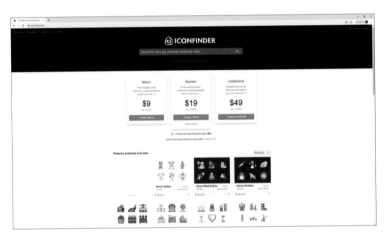

많이 알고 있는 사이트인 유튜브(http://www.youtube.com)의 검색창에 "android tutorial"을 입력하고 검색하면 많은 안드로이드 개발 정보를 얻을 수 있습니다.

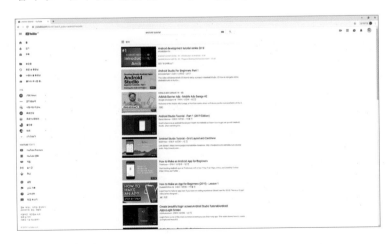

안드로이드 개발자 사이트(http://cafe.naver.com/aphone)입니다. 초보자에서 고급 개발자들 까지의 커뮤니티 공간이며 질문 답변으로 궁금증을 해결할 수 있습니다.

앱을 개발하다 보면 사운드가 필요합니다. 효과음이라든지 배경음악이라든지 경우에 따라 음원이 필요할 때가 많이 있습니다. 사운드공방(http://cafe.naver.com/sound00)은 음원을 무료로 배포하고 있습니다. 기본적인 사항만 준수하면 마음대로 사용이 가능하므로 필요할 때 사용하시면 됩니다.

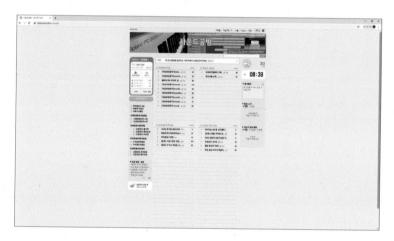

지금까지 안드로이드 개발에 대한 공부를 하였습니다. 이 책은 초보 개발자를 위한 입문서이기 때문에 이 책으로 학습을 마쳤다면 안드로이드 개발에 한 걸음 나아간 것입니다. 이후에 더 많은 책이나 사이트를 통하여 다양한 학습을 하여 더 많은 안드로이드 개발 실력을 쌓기를 바랍니다.

하루 만에 배우는 ─────────

안드로이드 앱 만들기 2nd Edition

1판 1쇄 발행 2019년 11월 22일
1판 2쇄 발행 2020년 5월 1일

저   자 | 서창준
발 행 인 | 김길수
발 행 처 | (주)영진닷컴
주   소 | 서울특별시 금천구 가산디지털2로 123
           월드메르디앙벤처센터 2차 10층 1016호

등   록 | 2007. 4. 27. 제16-4189호

ISBN 978-89-314-6163-3

YoungJin.com Y.
영진닷컴